D1665807

FELIX JÁCOB liebt Weihnachten und fürchtet es zugleich. Im Kreis seiner großen Familie wird an den Feiertagen zelebriert, beschenkt – und lautstark gestritten. Als passionierter Leser, studierter Philologe und langjähriger Büchermacher in europäischen Verlagen sammelt er seit Jahren die schönsten und bösesten Geschichten zum Fest.

Wer spricht davon, Weihnachten zu feiern? Überstehen ist alles! Dieses Buch leistet dabei Erste Hilfe mit wunderbar garstigen Geschichten. Von grandiosen Katastrophen an Heiligabend und dem Irrsinn der Bescherung erzählen u. a. Axel Hacke, David Sedaris, T. C. Boyle, Jan Weiler und Martin Suter. Saki und Robert Benchley zeigen, wie perfide Streiche jedes langweilige Fest auflockern, während John Updike die zwölf Schrecken der Weihnacht aufdeckt und Daniel Glattauer die beliebtesten Streitigkeiten aufzählt. Je schiefer der Weihnachtssegen hängt, je heftiger die Feiertage aus dem Ruder laufen, desto unterhaltsamer wird es.

# O du schreckliche

*Ein garstiger Weihnachtskanon*

Herausgegeben von
*Felix Jácob*

kanon verlag

Die in diesem Band versammelten Geschichten und Gedichte
folgen in Schreibweise und Übersetzung den Ursprungstexten.
Quellennachweise finden sich im Anhang.

»Wer zu Weihnachten nicht streitet,
versäumt die beste Zeit dafür.«

Daniel Glattauer

# Inhalt

David Sedaris — *Weihnachten heißt Schenken* 7

Axel Hacke — *Zeit der Rituale* 21

John Updike — *Die zwölf Schrecken der Weihnacht* 24

Saki — *Berties Heiligabend* 36

T. C. Boyle — *Beat* 44

Daniel Glattauer — *Die beliebtesten Weihnachtskrisen und die besten Anlässe für Streit* 67

Joachim Ringelnatz — *Einsiedlers Heiliger Abend* 75

Robert Benchley — *Richtiges Weihnachten nach altem Brauch* 77

Karl Valentin — *Das Weihnachtsgeschenk* 87

Salomo Friedlaender — *Das Weihnachtsfest des alten Schauspielers Nesselgrün* 91

Jan Weiler — *Der Nikolaus war da!* 94

Hans Fallada — *Der gestohlene Weihnachtsbaum* 99

Martin Suter — *Weihnachten ignorieren* 107

Lucia Berlin     *Noël. Texas. 1956* 111

Joachim Ringelnatz     *Die Weihnachtsfeier des Seemanns Kuttel Daddeldu* 120

Ludwig Thoma     *Eine Weihnachtsgeschichte* 123

Robert Benchley     *Ein Weihnachtsnachmittag* 127

Saki     *Reginalds weihnachtliche Lustbarkeit* 132

Marcel Huwyler     *Ihr Kinderlein kokset* 137

Joachim Ringelnatz     *Silvester* 152

Nachweis 155

# David Sedaris

## *Weihnachten heißt Schenken*

In den ersten zwölf Jahren unserer Ehe haben Beth und ich mit Vergnügen in der gesamten Nachbarschaft Maßstäbe gesetzt, was Komfort und Luxus betraf. Es wurde akzeptiert, dass wir intelligenter und erfolgreicher waren, aber die Gemeinschaft schien unsere Überlegenheit ohne Murren hinzunehmen, und das Leben ging seinen Gang, wie es sich gehörte. Ich hatte eine vollautomatische Feinschnitt-Heckenschere, eine elektrische Schaufel und drei Rolex-Gasgrills, die nebeneinander im Hintergarten standen. Einer war für Hühnchen, einer für Rindfleisch, und den dritten hatte ich speziell zum Dämpfen der asiatischen Pfannekuchen ausstatten lassen, die uns immer so besonders mundeten. Wenn die Vorweihnachtszeit tobte, pflegte ich einen Umzugswagen zu mieten und in die Stadt zu fahren, wo ich mir jede grelle neue Extravaganz schnappte, die mir ins Auge stach. Unsere Zwillinge, Taylor und Weston, konnten immer mit dem neuesten elektronischen Spielzeug oder Sportartikel rechnen. Beth bekam vielleicht einen Staubsauger mit Rennsattel oder ein paar pelzgefütterte Jeans, und das war nur das, was der Nikolaus einem in den Stiefel stopfte! Es gab Boote zum Wegschmeißen, extraraue Wildleder-Basketbälle, zinngetriebene Wandertornister und Solarzellen-Spielkartenmischer. Ich kaufte ihnen Schuhe und Kleidung und eimerweise Geschmeide in den feinsten Juweliergeschäften und Warenhäusern. Fern lag mir jede Schnäppchenjagd, jedes Feilschen um

Skonto und Prozente. Ich habe immer Spitzenbeträge gezahlt, weil ich fand, dass diese einen Drittelmeter langen Preisschilder tatsächlich etwas über Weihnachten *aussagten*. Nach dem Auspacken der Geschenke nahmen wir zu einem aufwendigen Dîner Platz und labten uns an jeder nur denkbaren Spielart von Fleisch und Pudding. Wenn wir gesättigt waren und uns ein leichtes Unwohlsein beschlich, steckten wir uns einen Silberstab in den Hals, übergaben uns und fingen nochmal von vorne an. Letztlich unterschieden wir uns nicht sehr von allen anderen Menschen. Weihnachten war die Zeit des Schwelgens, und nach außen waren wir wohl so ziemlich die schwelgerischsten Menschen, die man sich nur vorstellen konnte. Wir dachten, wir wären glücklich, aber all das änderte sich an einem frischen Thanksgiving-Morgen, kurz nachdem die Cottinghams erschienen waren.

Wenn ich mich recht entsinne, haben die Cottinghams vom ersten Augenblick an, als sie nebenan eingezogen waren, Ärger gemacht. Doug, Nancy und ihre unattraktive acht Jahre alte Tochter Eileen waren ausnehmend neidische und gierige Menschen. Ihr Haus war ein bisschen kleiner als unseres, aber das hatte durchaus seinen Sinn, da wir zu viert waren und sie nur zu dritt. Trotzdem muss sie etwas an der Größe unseres Hauses so gestört haben, dass sie ihren ersten Koffer noch nicht ausgepackt hatten, als sie auch schon mit dem Bau einer überdachten Eisbahn und eines Eintausend-Quadratmeter-Pavillons begannen, in dem Doug mit seiner Sammlung präkolumbianischer Schlafcouchen protzen konnte. Weil uns danach war, begannen Beth und ich mit dem Bau einer Fußballhalle und einer 1666 Quadratmeter großen Rotunde, in der ich bequem *meine* Sammlung *prä*-präkolumbianischer Schlafcouchen ausstellen konnte. Doug erzählte allen

Nachbarn, ich hätte ihm die Idee geklaut, aber ich hatte schon lange über prä-präkolumbianische Schlafcouchen nachgedacht, bevor die Cottinghams in die Stadt eingefallen waren. Sie mussten einfach Ärger machen, egal, um welchen Preis. Als Beth und ich ein Multiplex-Kino mit sieben Leinwänden bauten, mussten sie sich natürlich eins mit *zwölfen* bauen. Das ging immer so weiter, und, um die Geschichte abzukürzen, ein Jahr später blieb weder denen noch uns ein halbwegs unbebauter Quadratmeter. Die beiden Häuser grenzten nun praktisch aneinander, und wir ließen die Fenster nach Westen zumauern, um nicht in ihr knalliges Fitness-Center oder den Schießstand im dritten Stock blicken zu müssen.

Obwohl sie so vom Konkurrenzdenken geprägt waren, versuchten Beth und ich, gute Nachbarn zu sein, und luden sie gelegentlich zu Grillpartys auf dem Dach und so weiter ein. Ich bemühte mich um zivilisierte Konversation und sagte so etwas wie: »Ich habe gerade achttausend Dollar für ein Paar Sandalen gezahlt, die mir nicht mal passen.« Dann konterte Doug und sagte, er habe gerade zehntausend für eine einzelne Gummilatsche bezahlt, die er nicht mal anziehen würde, *falls* sie ihm passte. Er war in dieser Hinsicht immer sehr aggressiv. Wenn eine Zahnfüllung siebzigtausend Dollar gekostet hatte, konnte man drauf wetten, dass sie bei ihm mindestens hundertfünfundzwanzigtausend gekostet hatte. Ich ertrug seine Gesellschaft fast ein Jahr lang, bis wir eines schönen Novemberabends einen Knatsch darüber hatten, welche Familie die aussagekräftigsten Weihnachtskarten verschickt. Beth und ich nahmen uns meist einen bekannten Fotografen, der ein Porträt von der ganzen Familie, umgeben von den Geschenken des Vorjahres, knipste. Wenn man die Karte aufklappte, war aufgelistet, wie viel die Geschenke gekostet hatten, und dazu die Botschaft »Weihnachten heißt Schenken«. Die Cottinghams fanden *ihre* Karte schöner, die aus einer Fotokopie von Dougs und Nancys Aktien-Portfolio bestand. Ich sagte, es sei zwar durchaus schön und gut, Geld zu *haben*, ihre Karte sage aber nichts darüber aus, wie sie ihr Geld *ausgäben*. Weihnachten heiße, wie es so schön auf unserer Karte stehe, Schenken, und selbst wenn er seinen Börsenbericht mit ein paar aufgebügelten Zuckerstangen aufmotzte, würde dieser immer noch nicht die angemessene Weihnachtsbotschaft vermitteln. Die Konversation wurde hitziger, und die Frauen tauschten sogar Schläge aus. Wir hatten alle ein paar Drinks intus, und als die Cottinghams das Haus verließen, wurde allgemein davon ausgegangen, dass es aus war mit unserer Freundschaft. Ich dachte noch einen, zwei Tage lang über diesen Vorfall nach und widmete meine Aufmerksamkeit dann den bevorstehenden Feiertagen.

Wir hatten gerade eins unserer üppigen, allzu üppigen Thanksgiving-Festmahle hinter uns, und Beth, die Jungens und ich sahen uns einen Stierkampf im Fernsehen an. Damals konnten wir noch alles kucken, was wir wollten, weil wir noch unsere Satellitenschüssel hatten. Juan Carlos Ponce de Velásquez hatte gerade etwas Wildes aufgespießt, und wir waren alle schön aufgeregt, als es an der Tür klingelte. Ich nahm an, einer der Jungens habe eine Pizza bestellt, öffnete die Tür, und vor mir stand zu meinem Erstaunen ein übelriechender Bettler. Er war dünn, barfuß, hatte Schorfstellen in Peperoni-Größe an den Beinen, und sein ungepflegter Bart war mit mehreren verschiedenen Sorten Marmelade vollgeschmiert. Ich spürte, dass es die Marmelade war, die wir am Vorabend in den Müll geworfen hatten, und ein Blick auf unseren umgekippten Mülleimer sagte mir, dass ich richtig lag. Das machte mich ziemlich ungehalten, aber bevor ich etwas sagen konnte, zog der alte Penner eine Blechtasse hervor und begann, um Geld zu winseln.

Als Beth fragte, wer an der Tür sei, rief ich: »Roter Bereich!«, was unser geheimes Signal war, die Hunde loszulassen. Wir hatten damals zwei von den Biestern, große Dobermänner namens Butterscotch und Mr. Lewis. Beth versuchte sie aus dem Esszimmer herauszukommandieren, aber da sie sich mit Truthahn und Füllung vollgestopft hatten, gelang es ihnen knapp, den Kopf zu heben und sich zu übergeben. Ich sah, dass sie verhindert waren, ließ mich selbst auf Hände und Knie nieder und biss den Typ persönlich. Vielleicht lag es an dem Stierkampf –, ich hatte jedenfalls plötzlich Lust auf Blut. Meine Zähne ritzten kaum die Haut, aber das genügte bereits, um den alten Zausel zu den Cottinghams weiterhumpeln zu lassen. Ich sah zu, wie er gegen ihre Tür hämmerte, und wusste genau, was geschehen würde, wenn er Doug, dem alten Nachmacher, bei dessen Konkurrenzwahn berichtete, dass ich ihm popligerweise kurz in die Wade gebissen hatte. Beth rief mich aus irgendeinem Grunde ins Haus, und als ich ein paar Minuten später an die Tür zurückkehrte, sah ich, wie Helvetica, das Dienstmädchen der Cottinghams, ein Foto davon machte, wie Doug, Nancy und Eileen dem Landstreicher einen Ein-Dollar-Schein aushändigten.

Ich wusste, dass etwas im Busch war, und, richtig, zwei Wochen später fand ich genau den Schnappschuss auf der Weihnachtskarte der Cottinghams, und dazu die Worte »Weihnachten heißt Schenken«. Das war immer *unser* Wahlspruch gewesen, und hier hatte er ihn gestohlen und die Botschaft verfälscht, um uns egoistisch aussehen zu lassen. Es war nie unsere Art gewesen, andere zu beschenken, aber ich begann, anders darüber zu denken, als ich die phänomenalen Reaktionen bemerkte, die die Cottinghams mit ihrer Weihnachtskarte bewirkt hatten. Plötzlich waren sie das einzige Gesprächsthema. Man konnte auf eine x-beliebige Weihnachtsparty gehen, und schon hörte man: »Haben Sie sie gesehen? Ich finde sie absolut zauberhaft. Da haben diese Leute doch tatsächlich einem wildfremden Menschen Geld gespendet! Ist das zu überbieten? Einen ganzen Dollar an einen Stadt- oder Landstreicher verteilt, der keinen roten Heller hatte. Wenn Sie mich fragen, sind diese Cottinghams sehr tapfre und großzügige Menschen.«

Doug würde wahrscheinlich sagen, dass ich ihm unfairerweise seine Idee geklaut habe, als ich ebenfalls ein großzügiger Mensch wurde, aber das ist nicht der Fall. Ich hatte bereits mit dem Gedanken gespielt, großzügig zu werden, als er noch längst nicht den Schauplatz betreten hatte, und, außerdem, wenn er mir illegal meinen Weihnachtswahlspruch stibitzt, warum soll ich dann nicht ganz unauffällig ein Konzept ausborgen, das es seit gut zehn Jahren gibt? Als ich zum ersten Mal laut sagte, ich hätte der Innenstädtischen Kopfschmerzstiftung zwei Dollar gespendet, wandten sich die Menschen von mir ab, als glaubten sie mir nicht. Dann spendete ich der Kopfschmerzstiftung *tatsächlich* zwei Dollar, und da hätten Sie sie sehen sollen, als ich anfing, mit meinem gesperrten Scheck zu wedeln! Großzügigkeit kann den Menschen tatsächlich ganz schön zu schaffen machen, wenn man nur genug darüber redet. Mit »zu schaffen machen« meine ich nicht, dass man sie langweilt, sondern etwas noch viel Lohnenderes. Wenn sie korrekt angewandt wird, kann Großzügigkeit Scham, Unzulänglichkeitsgefühle und sogar Neid hervorrufen, um nur ein paar Reaktionen zu nennen. Am allerwichtigsten ist, dass man irgendeinen schriftlichen oder sichtbaren Beweis für die Schenkung in Händen hält, sonst kann man die Mildtätigkeit gleich lassen. Doug Cottingham würde jetzt bestimmt sagen, ich hätte ihm diesen Spruch geklaut, aber ich bin ziemlich sicher, dass ich ihn in einer Informationsbroschüre der Steuerbehörde gefunden habe.

Ich nahm meinen gesperrten Scheck auf alle wichtigen Weihnachtspartys mit, aber bald nach Neujahr verloren die Menschen das Interesse daran. Die Jahreszeiten kamen und gingen, und ich hatte meine Großzügigkeit schon völlig vergessen, als zu Thanksgiving der alte Tramp in unsere Gegend zurückkehrte. Er musste sich noch an den Biss ins Bein vom letzten Jahr erinnern, denn er wollte gerade vorübergehen, als wir ihn hereinriefen, um ihm eine ordentliche Dosis Güte zu verpassen. Erst machten wir ein Video von ihm, wie er sich etwas Restfüllung von der Handfläche leckte, und dann musste Beth ein Foto knipsen, wie ich dem alten Krauter eine Videokamera überreiche. Es war eine alte Betamax, oben zum Nachladen, aber ich habe eine neue Schnur drangemacht, und ich bin sicher, sie hätte prima funktioniert. Wir sahen dann zu, wie er sie sich auf den Rücken band und sich nach nebenan aufmachte, um weiterzubetteln. Der Anblick dieser Videokamera war alles, was dieses Stinktier Doug Cottingham brauchte, um ins Haus zu gehen, zurückzukommen und den alten Kauz mit einem achtspurigen Kassettenrekorder zu beschenken, und, ja, wieder stand das Dienstmädchen bereit, um ein Bild davon zu machen. Da riefen wir den alten Tramp zu unserem Haus und gaben ihm einen ein Jahr alten Föhn. Die Cottinghams reagierten mit einem Riesentoaster. Binnen einer Stunde hatten wir uns zu Billardtischen und StairMasters hochgearbeitet. Doug schenkte ihm eine Golfkarre, und ich schenkte ihm meine Satellitenschüssel. Dies beschleunigte sich, bis jeder Narr deutlich sehen konnte, wohin es noch führen mochte. Als er die Schlüssel zu seiner eigens angefertigten motorisierten Reisesauna überreichte, bedachte Doug Cottingham mich mit einem Blick, der zu sagen schien: »Übertriff das erstmal, Nachbar!« Beth und ich hatten diesen Blick bereits gesehen, und wir hassten ihn. Ich hätte ihn mit seiner Reisesauna leicht in den Schatten stellen können, aber uns ging allmählich der Film aus, und ich fand, es war an der Zeit, Nägel mit Köppen zu machen. Wozu diese nutzlose Eskalation, wenn wir doch alle wussten, was am wichtigsten war? Nach einer kurzen Konferenz riefen Beth und ich den Tramp wieder zu uns und fragten ihn, was er lieber möge, kleine Jungs oder kleine Mädchen. Zu unserem großen Entzücken sagte er, Mädchen bereiteten ihm zuviel Kopfschmerzen, er habe aber vor seinem letzten Besuch in der Staatsvollzugsanstalt durchaus Spaß mit Jungs gehabt. Nach diesen Worten schenkten wir ihm unsere zehnjährigen Söhne, Taylor und Weston. Übertriff's doch, Nachbar! Sie hätten Doug Cottinghams Gesichtsausdruck sehen sollen! In jenem Jahr war die Weihnachtskarte so aussagekräftig wie nie zuvor und danach nie wieder. Auf ihr war der tränenreiche Abschied von unseren Söhnen abgebildet, versehen mit der Botschaft »Weihnachten heißt Schenken, bis es wehtut«.

Wir waren die Stars der Feiertage, wieder ganz oben, wo wir hingehörten. Beth und ich waren *das* Ehepaar, das man auf eine Cocktailparty oder zum zwanglosen Baumschmücken einladen musste.

»Wo sind denn diese supergroßzügigen Leute mit der entzückenden Weihnachtskarte?«, fragte bestimmt jemand, und der Gastgeber zeigte auf uns, während die Cottinghams bitter mit den Zähnen knirschten. Als allerletzten Versuch, wieder ein bisschen was herzumachen, spendeten sie ihre pferdegesichtige Tochter Eileen einer Bande bedürftiger Piraten, aber jeder, der Bescheid wusste, sah das als die verzweifelte Geste, die es ja auch war. Wieder waren wir diejenigen, mit denen jeder zusammensein wollte, und der warme Schein der allgemeinen Bewunderung brachte uns gut durch die Feiertage. Eine zweite Portion Ehrfurcht bekamen wir im Frühsommer ab, als die Jungens tot in Doug Cottinghams ehemaliger Reisesauna aufgefunden wurden. Alle Nachbarn wollten uns Blumen schicken, aber wir sagten, eine Spende in unserem Namen an die Nationale Sauna-Beratung oder den Verteidigungsfonds für Sexualstraftäter wäre uns lieber. Das war ein guter Schachzug, und bald galten wir als »christusgleich«. Die Cottinghams waren natürlich rasend und setzten sogleich ihre rührenden Versuche fort, uns eine Nasenlänge voraus zu sein. Das war wahrscheinlich das einzige, was sie im Kopf hatten, aber uns bereitete es keine einzige schlaflose Minute.

Für das nächste Christfest hatten wir uns auf das Thema »Weihnachten heißt Schenken, bis es blutet« geeinigt. Kurz nach Thanksgiving hatten Beth und ich unserer örtlichen Blutbank einen Besuch abgestattet, wo wir die kostbaren Konten unserer Körper beinahe aufgelöst hätten. Von unseren Anstrengungen bleich und benommen, konnten wir nur noch matt eine Hand heben und einander von unseren jeweiligen Pritschen zuwinken. Doch bald erholten wir uns und klebten gerade unsere Kuverts zu, als der Briefträger die Weihnachtskarte der Nachbarn brachte, auf welcher »Weihnachten heißt Etwas-von-sich-selbst-Schenken« stand. Zu sehen war Doug, auf einem Operationstisch ausgestreckt, während ein Team von Chirurgen mit Eifer und Bedacht einen der Cottinghamschen glitzernden Lungenflügel entnahm. Wenn man die Karte aufklappte, sah man eine Fotografie des Organempfängers, eines abgehärmten Steinkohlekumpels, der ein Schild mit der Aufschrift »Doug Cottingham hat mir das Leben gerettet« in die Höhe hielt.

Wie konnte er das wagen! Beth und ich hatten das Thema »Medizinische Großzügigkeit« praktisch erfunden, und die kalte Wut erfasste uns angesichts dieses selbstgefälligen, überlegenen Gesichtsausdrucks, der unter der Atemmaske unseres Nachbarn hindurchsickerte. Jedes langverheiratete Ehepaar kann, in Zeiten der Krise, ohne Worte kommunizieren. Diese Tatsache wurde bildhaft, als meine Frau und ich zur Tat schritten bzw. sprangen. Indem sie ihr halb zugeklebtes Kuvert fallen ließ, rief Beth im Krankenhaus an, während ich von unserem Autotelefon aus einen Fotografen bestellte. Die entsprechenden Vereinbarungen wurden getroffen, und bevor die Nacht vorüber war, hatte ich beide Augen, eine Lunge, eine Niere und mehrere wichtige Adern nächst dem Herzen gespendet. Da sie eine unnatürliche Zuneigung zu ihren inneren Organen gefasst hatte, brachte Beth ihre Kopfhaut, ihre Zähne, ihr rechtes Bein und beide Brüste ein. Erst nach der Operation wurde uns klar, dass die Beiträge meiner Frau nicht übertragbar waren, aber da war es bereits zu spät, sie wieder anzunähen. Die Kopfhaut schenkte sie einem verdutzten Krebspatienten, aus ihren Zähnen bastelte sie eine Souvenir-Halskette, und Bein und Brüste brachte sie ins Tierheim, wo sie von Hand an einen Wurf verhungernder Border-Collies verfüttert wurden. Das kam sogar in die Abendnachrichten, und wieder waren die Cottinghams grün vor Neid, weil wir es so günstig getroffen hatten. Organspenden an Menschen waren zwar nicht zu verachten, aber angesichts dessen, was Beth für diese armen, verlassenen Welpen getan hatte, waren natürlich alle schier aus dem Häuschen. Auf jeder, aber auch jeder Weihnachtsparty bettelten die Gastgeber meine Frau an, sich vom Hund des Hauses Pfötchen geben zu lassen oder über dem Panzer ihrer kränkelnden Schildkröte einen Segen zu sprechen. Der bergmännische Empfänger von Doug Cottinghams Lunge war gestorben, als seine Zigarette Bettdecke und Brustverband in Brand gesteckt hatte, und nun war der Name Cottingham praktisch wertlos.

Wir waren auf der Heiligabend-Party bei den Hepplewhites, als ich zufällig hörte, wie Beth flüsterte: »Dieser Doug Cottingham konnte nicht einmal eine anständige Lunge spenden!« Dann lachte sie, lange und heftig, ich legte ihr die Hand auf die Schulter und spürte den sanften Biss ihrer Souvenir-Halskette. Zweifellos erregte ich ebenfalls einiges Aufsehen, aber diese Nacht gehörte Beth, und ich überließ sie ihr gern, war ich doch so ein großzügiger Mensch. Wir waren ein Team, sie und ich, und wenn ich auch nicht sehen konnte, wie die Menschen uns anblickten, so konnte ich es doch so deutlich fühlen wie die Wärme, die das tosende Kaminfeuer der Hepplewhites abstrahlte.

Es würde andere Christfeste geben, aber ich glaube, Beth und ich wussten beide, dass dieses etwas ganz Besonderes war. Innerhalb eines Jahres sollten wir das Haus, unser Geld und was uns noch an Eigentum verblieben war, verschenken. Nachdem wir uns nach einer passenden Gegend umgesehen hatten, zogen wir in ein Dorf aus Pappkartons direkt unter dem Autobahnkreuz Ragsdale. Die Cottinghams zogen, wie es ihre Art war, nebenan in einen kleineren Karton. In der Vorweihnachtszeit klappte es mit dem Betteln recht gut, als aber der Winter so richtig hereinbrach, wurde das Leben immer schwerer, und Woge um Woge wurden wir von Kummer und Krankheit heimgesucht. Beth starb nach langem, verzweifeltem Kampf an Tuberkulose, aber erst, nachdem Doug Cottingham und seine Frau an Lungenentzündung eingegangen waren. Ich versuchte, mich nicht davon beeindrucken zu lassen, dass sie zuerst gestorben waren, aber in Wahrheit machte es mir doch schwer zu schaffen. Immer, wenn mich mein Neid zu übermannen drohte, ließ ich jene perfekte Heiligabend-Party bei den Hepplewhites vor meinem geistigen Auge erstehen. Unter meiner Decke aus feuchten Zeitungen bibbernd, versuchte ich, mich an den tröstlichen Klang von Beths sorglosem Gelächter zu erinnern und mir ihren baren Schädel vorzustellen, wie sie ihn ausgelassen zurückwarf, dieses feucht glänzende Zahnfleisch, wie es das Licht eines Kristall-Kronleuchters reflektierte. Mit etwas Glück würde mich die Erinnerung an unsere Liebe und Großzügigkeit in einen tiefen und schweren Schlaf wiegen, der bis zum Morgen andauerte.

# Axel Hacke

## *Zeit der Rituale*

Weihnachten ist die Zeit der Rituale: Den Christbaum kaufe ich immer ganz zuletzt, einen Tag vor Heiligabend, Paola wird jedes Mal verrückt vor Angst, ich könnte keinen Baum mehr bekommen oder nur ein räudiges Restbäumerl mit dünnen Ästen.

Ich aber lebe immer von Neuem in dem Gefühl, so kurz vor dem Fest müsste ich meinen Christbaum billiger bekommen, weil ja der Händler mit der Ware nach Weihnachten nichts anfangen kann, er kann sie nicht aufheben bis zum nächsten Jahr, kann den Baum nicht in den Wald zurückpflanzen. Er müsste so knapp vor Heiligabend in Schlussverkaufsstimmung sein, alles mehr oder weniger herschenken.

Aber was ich jedes Jahr wieder vergesse, das ist, erstens: Auch ich sitze in der Christbaumfalle. Ich kann nicht ohne Baum heimkehren. Selbst wenn der Verkäufer jetzt die Preise erhöhen würde – ich müsste kaufen. Zweitens: Wenn man etwas billiger haben will, muss man handeln. Das kann ich nicht. Ich konnte es nie. Ich bin zu schüchtern. Einmal dachte ich (als ein neues Rabattgesetz eingeführt wurde), es würde sich meine Situation bessern. Ich dachte, überall würden mir nun Verkäufer entgegeneilen, »Rabatt!« schreiend, sich überbietend in der Gewährung höchster Nachlässe. Nichts. Ich müsse mich selbst bemühen, hieß es, müsse feilschen. Selbst dann sei das Personal gehalten, nichts billiger herzugeben, sondern eine Zugabe zu verschenken.

Eine Zugabe? Was soll ich beim Christbaumhändler für eine Zugabe bekommen? Einen zweiten Baum? Das erinnert mich an eine Notiz in Thomas Manns Tagebuch vom 24. Dezember 1918: »Moni, die, wie Golo, auf Wunsch ein kleines Separatbäumchen bekommen hatte, kam damit hereingetanzt und küsste das Bäumchen.«

Ein Separatbäumchen ... Ich könnte beim Händler einen Separatbaum für Luis verlangen, aber erstens würde ich den auch bezahlen, wie ich mich kenne. Zweitens würde Luis wollen, dass dieser Baum in seinem Zimmer aufgestellt werde, Kerzen bekomme, diese Kerzen auch zu brennen hätten – er hat gerade so eine pyromanische Phase, ständig fummelt er mit Streichhölzern herum.

Wie heißt es dazu in Helmut Qualtingers Travnicek-Dialogen?

Freund: Sie haben keine Poesie, Travnicek. Denken Sie an Ihre Kindheit. Was pflegten Sie da zu Weihnachten zu kriegen?

Travnicek: Watschen.

Freund: Warum?

Travnicek: Ich pflegte den Baum anzuzünden.

Freund: Absichtlich?

Travnicek: Naa. Es hat sich so ergeben.

Im Übrigen, was Rabatt angeht: Heute haben sicher auch Christbaumhändler Bonusprogramme oder Membership-Rewards-Systeme, bei denen man nach zwanzig Jahren treuen Kaufs eine Tanne gratis erhält, jedoch nur, wenn sie nachts zwischen drei und vier Uhr online bestellt wurde. Und nicht zwischen 30. Oktober und 6. Januar.

Wo hatte ich angefangen? Bei Ritualen. Thomas Mann las Weihnachten gern aus Eigenem vor, das könnte man aufnehmen, seinerseits aus Manns Tagebüchern vorlesen, was er jeweils am 24. Dezember notierte, in München, der

Schweiz, den USA, sehr oft etwas über den Christbaum, 1935 etwa: »Bescherung schöner und brauchbarer Dinge an alle im Licht eines schlanken Baumes mit etwas zu steilen Zweigen.«

Mit etwas zu steilen Zweigen ... Ist es nicht großartig?

Wenn ich dann einen Baum habe, muss ich den Christbaumständer suchen. Seit Jahrzehnten fällt mir traditionell erst nach Ladenschluss ein, dass man dazu einen Ständer braucht – nie weiß ich, wo ich ihn vergangenes Jahr verstaut habe, den ganzen Keller muss ich absuchen, irgendwo muss er sein, und Paola wird mich beschimpfen, oh, wird sie mich beschimpfen ...

Dann werde ich, ganz kurz bevor ich die Kerzen anzünde, den Feuerlöscher suchen und entdecken, dass seine Füllung bereits vor Jahren hätte erneuert werden müssen, dass er nichts nützt, der Feuerlöscher. Er ist untauglich so, wenn es mal brennen sollte, wird Paola sagen, wo ist der Wassereimer?, wird sie fragen, jedes Jahr müssen wir einen Wassereimer neben den Baum stellen, dabei hätte man nur nach dem letzten Weihnachten den Feuerlöscher zum Füllen bringen müssen. Und ihre Angst vor dem Brand wird sich auf mich übertragen, plötzlich werde ich mich vor einem weihnachtlichen Zimmerbrand fürchten, es ist, als hätte sich die Brandangst meines Großvaters auf mich übertragen. Als hätte ich sie geerbt.

Ist es nicht erstaunlich, noch so viele Jahrzehnte nach 1945 gibt es solches Kriegserbe in mir?

Aber es brennt nie bei uns, das ist auch eine Tradition, dass es bei uns nie brennt, jedes Jahr brennt es nicht ...

# John Updike

## *Die zwölf Schrecken der Weihnacht*

### I.

### *Santa, der Mann*

Lose sitzender Nylonbart, getürktes
Augenzwinkern, billiger roter Anzug,
komischer Geruch nach Schnaps, wenn man
auf seinem Schoß sitzt. Wenn er so eine
große Nummer ist, warum lebt er dann
elf Monate im Jahr von der Stütze?
Irgendwie unheimlich, nicht ganz astrein,
der Kerl, wie einer von den Gruseltypen
bei Stephen King.

## 2.

## *Santa, die Idee*

Jemand, der auch nur halbwegs bei Verstand ist,
würde der am Nordpol leben wollen, auf Treibeis-
  schollen?
Oder die ganze Nacht aufbleiben, am Himmel herum-
  fliegen
und Geschenke verteilen, an Kinder, die womöglich
gar keine verdient haben? Es gibt einen Punkt, da
bekommt Altruismus etwas Krankhaftes. Oder aber
er ist das üble Deckmäntelchen für irgendwelche
internationalen Machenschaften.
Ein Mann mit dubioser Adresse, ohne plausible
Quelle, aus der er seinen beträchtlichen
Reichtum schöpft, steigt nach Mitternacht,
wenn anständige, gesetzestreue Bürger mollig
in ihren Betten liegen, durch den Schornstein ein –
wenn das kein Grund zur Besorgnis ist!

# 3.

## *Santas Gehilfen*

Nochmals: Was wird da gespielt? Warum nehmen
diese Wichtelmänner ausbeuterische
Arbeitsbedingungen hin, in einer Gegend, die
zu den trostlosesten der ganzen Welt gehören muss,
wenn sie nicht einen Nutzen davon hätten, der
zu unseren Lasten geht?
Heute Unterschichtsmasochismus, morgen blutige
Rebellion. Das Ratatatat winziger Hämmer
ist vielleicht bloß der Anfang.

# 4.

## *O Tannenbaum*

Wenn er nun umkippt unter der Last der
bunten Kugeln, die mit einem Knall zerplatzen?
Oder die Holzwürmer, die in ihm wohnen,
wandern ab und siedeln sich in den Möbeln an?
Ein Baum hat etwas Gespenstisches –
die vielgliedrige Erstarrung, in der er dasteht,
seine struppige, bedenkenlose Aufgerichtetheit:
wenn einen das schon bei der Begegnung im Freien
beunruhigt, wieviel mehr dann im Wohnzimmer!
Nachts kann man hören,
wie er raschelt und Wasser aus dem Eimer trinkt.

## 5.

### *Winzige Rentiere*

Hufe, die durch Dachschindeln
schneiden wie Linoleummesser.
Geweihe wie hundert tote Zweige.
Flugbild schwankend, erinnernd an
»welke Blätter, die vor dem wilden
Sturmwind fliehn«. Fell wahrscheinlich
voll von krankheitserregenden Zecken.

# 6.

## *Tod durch Stromschlag*

Es sind nicht mehr bloß die defekten
Lichterschnüre oder der durchgeschmorte Trafo
der schnittigen kleinen Eisenbahn.
Es sind all die Batteriepakete, die
elektronischen Spiele, die digitalen Lexika,
die Roboter, die nur so zischen vor
künstlicher Intelligenz. Sogar das Lametta
ist geladen.

# 7.

## *Die Weihnachtslieder*

Sie dröhnen und klingeln von den
hohen Decken der Supermärkte und
Discountläden, aber die Stimmung
sinkt und sinkt. Ist uns das Herz
so schwer geworden, seit wir keine
Kinder mehr sind? Was ist mit uns
geschehen? Warum spielen sie nie mehr
unsere Lieblingslieder? Was *waren*
unsere Lieblingslieder? Damdidam der
Engelein Chor und so weiter
am himmlischen Tor.

# 8.

## *Das Feiertagsprogramm*

War Charlie Browns Stimme schon immer
so wehleidig und nervtötend? Hat Bing Crosby
immer schon diesen kleinen Schmerbauch gehabt,
und ist er immer schon so gegangen,
mit den Zehen nach außen? War das nicht
Danny Kaye / Fred Astaire / Jimmy Stewart?
Lebt Vera-Ellen eigentlich noch? Gibt es
nicht irgendwas anderes, Wrestling vielleicht
oder »Osterspaziergang«?

# 9.

## *Angst, nicht genug zu schenken*

Führt zu Schwindelanfällen im Einkaufszentrum,
zu angeknacksten Knöcheln auf beschleunigten
Rolltreppen, zu verstauchten Daumen und
Handgelenken beim Transportieren der Tragetüten,
zu Augen- und Gesichtsverletzungen in Bussen
voller Pappkartons und zu dem flatterigen Gefühl,
die Orientierung verloren zu haben
und kurz vor der Verarmung zu stehen.

## 10.

### *Angst, nicht genug geschenkt zu bekommen*

Führt zu bangem Inspizieren der
Paketpost und zur Identitätskrise
am Weihnachtstag, wenn die Berge aus
zerknülltem Einwickelpapier und geleerten
Schachteln sich um jeden Stuhl höher türmen,
bloß um deinen nicht. Drei öde Schlipse
und ein Paar gefütterter Arbeits-
handschuhe – so sehen sie dich also?

## II.

### *Angst vorm Umtausch*

Die Peinlichkeiten, das unziemliche
Gefeilsche. Die verlorenen Kassenbons. Die
Beschuldigung, die Ware sei beschädigt.
Der entwürdigende Abstieg zu den
Krämergeistern des Merkantilismus.

## 12.

## *Die Dunkelheit*

Wie früh sie jetzt kommt! Wie grieselig und
grün um die Nase alle aussehen, während sie,
winterlich grau vermummt, vorüberschleichen
im phosphoreszierenden Schein von Kaufhausfenstern,
dekoriert mit Styroporschnee, Pappmachészenen
eines künstlichen 1890 und wachsblassen
Schaufensterpuppen, die zu Posen
verlogener Unbeschwertheit hingerenkt sind
und karierte Bademäntel tragen. Ist das die Hölle
oder bloß ein Indiz für gestiegene
Konsumgläubigkeit?

# Saki

## *Berties Heiligabend*

Es war Heiligabend, und Luke Steffinks (Esq.) Familienkreis glühte dem Anlass gemäß vor Liebenswürdigkeit und allseitigem Frohsinn. Man hatte ein ausgedehntes und verschwenderisches Abendessen eingenommen, Weihnachtssänger waren vorbeigekommen und aufgetreten, die Haus-Gesellschaft hatte sich auf eigene Faust mit weiteren Weihnachtsgesängen erquickt, kurz, es herrschte eine Ausgelassenheit, die auch von der Kanzel herab nicht als wüste Ausschweifung zu verdammen gewesen wäre. Inmitten der allgemeinen Glut jedoch lag ein schwarzes, nicht glimmendes Stück Asche.

Bertie Steffink, Neffe des vorerwähnten Luke, hatte sich schon früh im Leben den Beruf des Taugenichts zugelegt; bereits sein Vater hatte dieser Zunft angehört. Mit achtzehn hatte Bertie jene Runde von Besuchen unserer Kolonialbesitzungen angetreten, die im Fall eines Prinzen von Geblüt so schicklich und wünschenswert ist, bei einem jungen Mann aus der Mittelschicht jedoch stark auf Unaufrichtigkeit hindeutet. Er war ausgezogen, um Tee in Ceylon und Obst in Britisch Kolumbien zu züchten und in Australien das Wachstum der Schafwolle zu fördern. Im Alter von zwanzig war er nun gerade von einer ähnlichen Betätigung in Kanada zurückgekehrt, woraus man schließen mag, dass seine Hingabe an diese verschiedenen Experimente reichlich oberflächlich war. Luke Steffink, der bei Bertie die verdrießliche Rolle des Hüters und

Eltern-Stellvertreters innehatte, bedauerte den hartnäckig bekundeten Nest-Instinkt seines Neffen, und sein früher am Tag feierlich abgestatteter Dank für das Glück einer vereint versammelten Familie hatte keinerlei Bezug zu Berties Wiederkehr.

Rasch waren Vorkehrungen getroffen worden, den Jüngling in einem fernen Winkel Rhodesiens unterzubringen, von wo sich eine Heimkehr schwierig anstellen ließe; die Reise zu diesem wenig einladenden Ziel stand unmittelbar bevor; ein umsichtigerer und bereitwilligerer Weltreisender hätte bereits ans Packen zu denken begonnen. Darum war Bertie nicht in der Laune, sich an dem festlichen Treiben um ihn her zu beteiligen, und in seinem Innern schwelte Groll über die eifrige, selbstversunkene Erörterung gesellschaftlicher Vorhaben für die kommenden Monate, die er allenthalben zu hören bekam. Davon abgesehen, dass er die Stimmung seines Onkels und des gesamten Familienkreises durch den Vortrag des Liedes »Sag Auf Wiedersehn, und nicht Leb Wohl« gedämpft hatte, war er an der abendlichen Geselligkeit nicht beteiligt gewesen.

Vor einer halben Stunde hatte es elf Uhr geschlagen, und die älteren Steffinks hatten Andeutungen in Richtung auf einen allgemeinen Rückzug für die Nacht fallen lassen.

»Komm, Teddie, du solltest schon längst in deinem kleinen Bettchen sein, weißt du«, sagte Luke Steffink zu seinem dreizehnjährigen Sohn.

»Dort sollten wir alle sein«, sagte Mrs. Steffink.

»Da wäre zu wenig Platz«, sagte Bertie.

Nach allgemeiner Auffassung grenzte diese Bemerkung ans Skandalöse; alles aß Rosinen und Mandeln mit der nervösen Betriebsamkeit von grasenden Schafen, während bedrohliches Wetter aufzieht.

»In Russland«, sagte Horace Bordenby, der als Weihnachtsgast im Hause weilte, »glauben die Bauern, wie ich gelesen habe, dass man am Heiligabend um Mitternacht im Kuhstall die Tiere sprechen hören kann. Angeblich besitzen sie in diesem einen Augenblick des Jahres die Gabe des Sprechens.«

»Ach, *gehen* wir doch *alle* zum Kuhstall und hören uns an, was sie zu sagen haben!« rief Beryl, für die alles aufregend und amüsant war, was im Rudel unternommen wurde.

Mrs. Steffink erhob belustigt Einspruch, gab aber ihr Einverständnis mit der Bemerkung: »Dann müssen wir uns alle warm einpacken.« Die Idee schien ihr leichtfertig, geradezu heidnisch, aber sie bot eine Gelegenheit, »die jungen Leute zusammenzubringen«, und wurde darum von ihr begrüßt. Mr. Horace Bordenby war ein junger Mann mit durchaus stattlichen Aussichten, und auf einem örtlichen Abonnements-Ball hatte er hinreichend oft mit Beryl getanzt, um berechtigte Nachforschungen der Nachbarn zu begründen, ob »da etwas im Busche sei«. Auch wenn Mrs. Steffink es nicht mit denselben Worten ausgedrückt hätte, teilte sie die Vorstellung der russischen Bauernschaft, dass das Tier in dieser Nacht womöglich sprechen würde.

Der Kuhstall befand sich an der Grenze zwischen dem Garten und einer kleinen Koppel, einem in vorstädtischer Umgebung isolierten Überbleibsel eines kleinen Bauernhofs. Luke Steffink war selbstzufrieden stolz auf seinen Kuhstall und seine beiden Kühe; sie verliehen ihm ein Ansehen von Solidität, das auch keine noch so große Zahl von Wyandotte- oder Orpington-Hühnern vermitteln könnte. Sie schienen ihn sogar in gewisser unlogischer Weise mit jenen Patriarchen zu verbinden, die aus ihrem schwankenden Betriebskapital von Schafen und Rindern, Eseln und Eselinnen ihre Geltung herleiteten. Es war ein banges und bedeutsames Ereignis gewesen, als er sich endgültig zu einem passenden Namen für seinen Landsitz durchgerungen hatte. Eine Dezembermitternacht war zwar kaum der Zeitpunkt, den er zur Vorführung seiner Hofgebäude ausgesucht hätte, aber da die Nacht schön war und die jungen Leute einen Grund für harmlose Lustbarkeiten brauchten, willigte Luke ein, die Expedition zu beaufsichtigen. Die Bediensteten waren schon lange zu Bett gegangen, weshalb das Haus in Berties Obhut gegeben wurde, der es unter seiner Würde befand auszuziehen, um die mitternächtlichen Gespräche von Rindvieh zu belauschen.

»Wir müssen leise sein«, sagte Luke als Anführer der kichernden Prozession junger Leute; die Nachhut bildete die in Schal und Kapuze gehüllte Gestalt Mrs. Steffinks; »ich habe immer Wert darauf gelegt, dass dies eine ruhige und friedliche Wohngegend bleiben soll.«

Es war wenige Minuten vor Mitternacht, als die Gesellschaft den Kuhstall erreichte und im Schein von Lukes Stallaterne eintrat. Einen Moment lang verharrten alle in Schweigen, geradezu als hätten sie das Gefühl, in einer Kirche zu sein.

»Daisy – die da am Boden – stammt von einem Kurzhorn-Bullen und einer Guernsey-Kuh ab«, verkündete Luke mit gedämpfter Stimme, die zu dem vorigen Eindruck passte.

»Ach ja?« sagte Bordenby, als habe er eher erwartet, sie stamme von Rembrandt.

»Myrtle stammt –«

Ein leiser Aufschrei einer der Frauen erstickte Myrtles Familiengeschichte im Keim.

Die Stalltür war geräuschlos hinter ihnen zugegangen,

knirschend hatte sich der Schlüssel im Schloss gedreht; dann hörten sie Bertie mit freundlicher Stimme allen eine gute Nacht wünschen und seine Schritte über den Gartenpfad zurückgehen.

Luke Steffink trat ans Fenster; es war eine kleine quadratische Öffnung altmodischer Art mit ins Mauerwerk eingelassenem Eisengitter.

»Schließ augenblicklich die Tür auf«, brüllte er mit einer ebensolchen Ausstrahlung von drohender Autorität, wie sie eine Henne aufbringen mochte, wenn sie durch das Gatter eines Geheges einen plündernden Falken anschrie. Als Antwort auf seine Aufforderung fiel die Eingangstür mit einem trotzigen Knall ins Schloss.

Eine Uhr in der Nähe schlug Mitternacht. Falls die Kühe in diesem Augenblick die Gabe des Sprechens empfangen haben sollten, wären sie nicht in der Lage gewesen, sich vernehmbar zu machen. Sieben oder acht andere Stimmen waren damit beschäftigt, Berties gegenwärtiges Benehmen sowie seinen Charakter im Allgemeinen mit intensivster Erregung und Entrüstung zu beschreiben.

Nach Verlauf von etwa einer halben Stunde war alles, was zulässigerweise über Bertie gesagt werden konnte, etliche Dutzend Male gesagt worden, und andere Themen begannen in den Vordergrund zu rücken – die extreme Muffigkeit des Kuhstalls; die Möglichkeit, dass er in Brand geriete; und die Wahrscheinlichkeit, dass er den vagabundierenden Ratten der Umgebung als Tagungsort diente. Und immer noch zeigte sich den unfreiwillig Wachenden kein Zeichen der Erlösung.

Gegen ein Uhr flog der Schall ziemlich lärmenden und disziplinlosen Weihnachtsliedergesangs heran und kam offenbar genau vor dem Gartentor zu einem jähen Halt. Eine Wagenladung jugendlicher Lebemänner in höchst angeheitertem Zustand hatte wegen irgendeiner Reparatur kurz angehalten; die Stockung erstreckte sich jedoch nicht auf die stimmlichen Bemühungen der Gruppe, und den Beobachtern im Kuhstall wurde eine durchaus unautorisierte Bearbeitung von »Guter König Wenzeslaus« dargeboten, in welcher das Adjektiv »gut« offenkundig sehr unbekümmert gebraucht wurde.

Der Lärm bewirkte, dass Bertie in den Garten hinaustrat, wobei er jedoch die bleichen wütenden Gesichter im Stallfenster vollkommen ignorierte und seine Aufmerksamkeit auf die Nachtschwärmer vor dem Tor konzentrierte.

»Prost, Leute!« brüllte er.

»Prost, Kumpel!« brüllten sie zurück; »wir würden zu gern auf deine Gesundheit trinken, aber wir haben keine Gläser dabei.«

»Kommt rein und prostet drinnen«, sagte Bertie gastfreundlich; »ich bin ganz allein, und es ist massenhaft Flüssiges vorhanden.«

Es waren völlige Fremde, aber seine gefällige Art machte sie augenblicklich zu seinen Genossen. Und gleich darauf schallte die unautorisierte Fassung von König Wenzeslaus, die wie viele andere Skandale durch Wiederholung noch schlimmer wurde, über den Gartenpfad; zwei der Zecher führten unterwegs eine improvisierte Darbietung des Treppenwalzers auf einer Terrasse auf, die Luke Steffink bis dahin mit einigem Recht seinen Steingarten genannt hatte. Dessen Steine waren auch nach der dritten Zugabe des Walzers noch vorhanden. Luke, hinter dem Stallgitter mehr denn je einer eingepferchten Henne gleich, war nun in der Lage, die Gefühle von Konzertbesuchern nachzuvollziehen, die dem Rufe nach einer Zugabe, die sie weder wünschen noch verdienen, nicht entgegenwirken können.

Die Eingangstür schlug mit einem Knall hinter Berties

Gästen zu, und die fröhlichen Geräusche drangen nur noch schwach und gedämpft zu den missmutigen Beobachtern am anderen Ende des Gartens. Wenig später ließen sich in rascher Folge zwei unheilverkündende Knallgeräusche vernehmen.

»Sie sind an den Champagner gegangen!« rief Mrs. Steffink.

»Vielleicht ist es nur der Mosel-Schaumwein«, sagte Luke hoffnungsvoll.

Es knallte noch drei- oder viermal.

»Champagner *und* der Mosel-Schaumwein«, sagte Mrs. Steffink.

Luke entkorkte eine Verwünschung, die, wie Brandy in einem Abstinenzler-Haushalt, nur in raren Notfällen gebraucht wurde. Mr. Horace Bordenby hatte bereits seit beträchtlicher Zeit ähnliche Ausdrücke vor sich hingemurmelt. Das Unternehmen, »die jungen Leute zusammenzubringen«, hatte sich schon zu lange hingezogen, als dass es noch zu irgendeinem romantischen Ergebnis hätte führen können.

Rund vierzig Minuten später öffnete sich die Eingangstür und spie einen Haufen aus, der jegliche schüchterne Zurückhaltung, die seine früheren Aktionen noch beeinflusst haben mochte, abgelegt hatte. Die stimmlichen Bemühungen in Richtung Weihnachtslieder wurden jetzt von Instrumentalklängen unterstützt; ein Weihnachtsbaum, der für die Kinder des Gärtners und anderer Haushaltsangehöriger geschmückt worden war, hatte eine reiche Beute an Blechtrompeten, Rasseln und Trommeln erbracht. Die Lebensgeschichte von König Wenzeslaus war aufgegeben worden, wie Luke dankbar feststellte; jedoch klang es den durchgefrorenen Gefangenen im Kuhstall äußerst aufreizend in die Ohren, dass es »in der alten Stadt heut Nacht noch heiß zu und her« gehe, zusammen mit der exakten, aber völlig überflüssigen Information über das nahe Bevorstehen des ersten Weihnachtsfeiertages. Nach den Protestrufen, die sich aus den oberen Fenstern der Nachbarhäuser zu erheben begannen, wurden die im Kuhstall vorherrschenden Gefühle in anderen Quartieren herzlich erwidert.

Die Nachtschwärmer fanden ihr Auto und, was noch bemerkenswerter war, brachten es sogar in Gang, wozu sie aus Blechtrompeten eine Abschiedsfanfare schmetterten. Ein lebhaftes Getrommel offenbarte die Tatsache, dass der Herr des Gelages auf dem Schauplatz geblieben war.

»Bertie!« ertönte ein wütender, flehender Chor aus Gebrüll und Geschrei vom Stallfenster her.

»Hallo«, rief der Inhaber dieses Namens und lenkte seine ziemlich schwankenden Schritte in die Richtung jener Rufe; »seid ihr immer noch da, Leute? Inzwischen werdet ihr wohl alles gehört haben, was die Kühe so zu sagen haben. Wenn nicht, Warten zwecklos. Schließlich isses ne russische Legende und der russische Heiligabend erst in vierzehn Tagen fällich. Kommt lieber raus.«

Nach ein paar untauglichen Versuchen gelang es ihm, den Schlüssel zur Stalltür durchs Fenster hineinzuwerfen. Darauf erhob er seine Stimme zur Melodie von »Ich fürcht mich, im Dunkeln nach Hause zu gehn«, und entschwankte unter lautstarker Trommelbegleitung zum Haus. Die hastige Prozession der Freigelassenen auf seinen Spuren fand dabei freilich völlig andere Worte als die seines überschwänglichen Gesangs.

Es war der glücklichste Heiligabend, den er je erlebt hatte. Um seine eigenen Worte zu zitieren, er hatte ein saumäßiges Weihnachten.

# T. C. Boyle
## Beat

Yeah, ich war Beat. Wir waren alle Beat. Shit, Mann, ich bin immer noch ein total fertiger Beat-Typ – war's, bin's und werd's wohl immer bleiben. Ich meine, wie kann man damit je aufhören? Aber um mich geht's hier nicht – ich bin niemand, echt, ich bin nur die Dekoration in diesem wahnwitzigen Mutter-des-Bop-Trip ins Herz der amerikanischen Nacht, in dieser Gratisfahrt auf Güterzügen, heiliger und higher als von einer Flasche Tokaier. Nein, erzählen will ich von Jack. Und von Neal und Allen und Bill und all den anderen, und wie alles gekommen ist, weil ich nämlich dabei gewesen bin, ich war mittendrin in dieser Szene, und kein Typ war mehr Beat als ich.

Stellt euch vor: siebzehn Jahre alt, die Haare ein wildes Gewirr, obendrauf eine kleine lodengrüne Baskenmütze, um die Locken im Zaum zu halten, dreiundachtzig Cents in der Tasche und eine abgefingerte Ausgabe von *Unterwegs* im Rucksack sowie eine Charlie-Parker-Platte mit genügend Kratzern und Rauschen in den Rillen, um den Soundtrack eines Science-Fiction-Streifens zu füllen; ich bin den ganzen Weg von Oxnard, Kalifornien, hergetrampt, und jetzt steh ich vor Jacks Tür in Northport, Long Island. Dreiundzwanzigster Dezember neunzehnhundertachtundfünfzig. Es ist kalt. Trist. Die Stadt voller alter Monsterhäuser, von denen die Farbe abblättert, grau und abgenutzt und ganz einfach alt wie die ganze scheuklappenbestückte, abgeschlaffte Ostküste, die von Oktober bis April vom Nebel erdrückt wird, ohne Begnadigung wegen guter Führung. Unter meiner Jeansjacke hab ich drei Pullover an, und trotzdem schling ich die Arme um die Rippen und fühl den Rotz an der Nase gefrieren, und diese Fäustlinge, die ich von einer alten Lady am Busbahnhof von Omaha geschnorrt hab, sind ganz steifgefroren, und ich klopf an, wobei ich mich frage, ob es wohl ein offizielles cooles Klopfen gibt, irgendeinen Hipster-Klopfcode, ein geheimes Gammler-Zen-Zeichen, das ich nicht kenne.

*Klopf-klopf. Kloppata-kloppata, klopf-klopf-klopf.*

Mich traf die erste Überraschung: Nicht Jack, der weggetretene Hep-Dichter auf der Suche nach dem Satori, dem Gott von Schiene und Asphalt, öffnete mir die Tür, sondern eine breite, massige alte Frau mit einem Gesicht wie ein Wanderschuh von unten. Sie trug ein Kleid, das so groß war wie diese Dinger, die man übers Auto legt, um den Staub abzuhalten, mit einem Muster aus tausend kleinen roten und grünen Dreiecken, in denen sich goldene Trompeten und silberne Engel drängelten. Durch die nur einen Spaltbreit offene Tür musterte sie mich mit einem Blick, der einem runderneuerten Reifen den Gummi abgeschält hätte. Ich erschauerte: Sie sah aus wie jedermanns Mutter.

Meine eigene Mutter war fünftausend Kilometer weit weg und so spießig, dass es einem die Schuhe auszog; der Hund, den ich seit meiner Kindheit hatte, war tot, vor einer Woche von einem Lastzug plattgefahren worden; und ich war durchgefallen: in Englisch, Geschichte, Mathe, Kunst, Sport, Musik und Mittagessen. Ich wollte Abenteuer, das Leben der Landstraße, dufte Bienen mit Baskenmützen und Bhang und Bongos und lange, benzedringetragene

Diskussionen, die bis in den Morgen dauerten, ich wollte Jack und alles, wofür er stand, und stattdessen kam mir diese alte Lady entgegen. »Äh«, stammelte ich, um meine Stimme kämpfend, die endlich etwas tiefer wurde als das Teenager-Quietschen, mit dem ich hatte leben müssen, seit ich denken konnte, »wohnt hier vielleicht zufällig, äh, Jack Kerouac?«

»Geh zurück, wo du hergekommen bist«, sagte die alte Lady. »Mein Jacky hat keine Zeit für diesen Blödsinn.« Und das war's: Sie knallte einfach die Tür zu.

*Mein Jacky!*

Da wurde es mir klar: Das war niemand anders als Jacks Mom gewesen, die wahnsinnswilde Madonna mit dem Bop in der Muttermilch, die Frau, die den Guru aufgezogen und geformt hatte, unser aller Urmutter. Und die hatte mich gerade zum Teufel geschickt. Ich war fünftausend Kilometer weit hergekommen, ihr Jacky war mein Jack, ich war bis auf die Knochen durchgefroren, total pleite, verängstigt, verzweifelt und nur eine knappe Lunge voll O2 davon entfernt, mich in den Matsch zu werfen und loszuschluchzen, bis jemand herauskäme und mich erschoss. Ich klopfte noch einmal.

»He, Ma!«, hörte ich von tief im Innern des Hauses, und es klang wie der Brunftschrei eines gefährlichen Raubtiers, ein dumpfes, zorniges Bop-Speed-Rotwein-Gebrüll, die Stimme des Mannes selbst, »was soll denn das, ich versuch mich hier zu konzentrieren.«

Dann wieder die alte Lady: »Nichts, Jacky.«

*Klopf-klopf. Kloppata-kloppata, klopf-klopf-klopf.* Ich schlug Trommelwirbel auf die Tür, klopfte und pochte, hämmerte auf sie ein, als wäre es die kahle Schädelplatte meines verklemmten, bleistiftspitzenden Sesselpupers von Spießervater oder meinetwegen die von Mr. Detwinder, dem Direktor der Oxnard-High-School. Ich klopfte, bis mir die Knöchel bluteten, ein äußerst virtuoses Klopfen, und ich war so drin im Rhythmus und der Energie davon, dass es eine Weile dauerte, bis ich merkte, dass die Tür sich geöffnet hatte und Jack persönlich vor mir stand. Er sah aus, wie Belmondo in *Außer Atem* auszusehen versucht hatte, lässig und cool in einem zerknitterten T-Shirt und Jeans, in der einen Hand was zu rauchen, in der anderen eine Flasche Muskateller.

Ich hörte auf zu klopfen. Mein Mund stand offen, der Rotz gefror mir in den Nasenlöchern. »Jack Kerouac«, sagte ich.

Er grinste den einen Mundwinkel hinunter und den anderen wieder hinauf. »Kein anderer«, sagte er.

Der Wind fuhr mir in den Kragen, in dem Zimmer hinter ihm nahm ich bunte Blinklämpchen wahr, und auf einmal sprudelte es aus mir hervor, als hätte ich mein Leben daran geknabbert und gekaut: »Ich bin den weiten Weg von Oxnard hergetrampt, ich heiße Wallace Pinto, aber du kannst ruhig Buzz zu mir sagen, und ich wollte nur sagen – ich wollte dir nur sagen …«

»Yeah, ich weiß«, sagte er, winkte mit einer fahrigen Geste ab. Er wirkte wacklig, vom Muskateller etwas beeinträchtigt, der sich kräuselnde Rauch von seiner Kippe stach ihm in die zusammengekniffenen blauen Augen, die Worte kamen ihm langsam über die Lippen, schwer und getragen von der tiefen, ewigen Weisheit des Poeten, jenem Wissen von Landstraße, Seefahrerkneipe und Freudenhaus. »Aber ich sag dir, Junge, trommel nur weiter so auf dieser Tür rum, und du endest im Krankenhaus« – Pause – »oder in einer Jazzcombo.« Ich war wie in Trance, bis ich seine Hand – die abgefahrene, mit mexikanischen Bräuten vertraute Hand des Gammler-Zen-Engel-Kif-

47

Unterwegs-Bop-Meisters – an meiner Schulter spürte, sie zog mich herein, über die Schwelle und ins Haus. »Schon mal die Bekanntschaft von zwei echten, wahrhaftig straff gespannten Bongos gemacht?«, fragte er und warf einen Arm um meine Schultern, während die Tür hinter uns zuknallte.

Zwei Stunden später saßen wir im Wohnzimmer, vor einem total abgefahrenen Weihnachtsbaum, der voller Cherubim und kleiner Christusse und so Zeug hing, führten uns gewaltige Sandwiches und ein oder zwei Joints zu Gemüte, meine Charlie-Parker-Platte rauschte und kratzte auf dem Plattenspieler, und zu unseren Füßen lag ein ständig anwachsender Berg aus rotem und grünem Millimeterpapier. Wir machten eine Girlande, um sie über den beatesten Baum zu drapieren, den man je gesehen hatte, und die Musik war eine coole Brise, durchweht von einem Hauch Yardbird, und der Duft nach Manna und Ambrosia drang aus der Küche herein, wo Mémère, die leibhaftige Beat-Madonna persönlich, uns ein erstklassiges, speicheltreibendes Zwei-Tage-vor-Weihnachten-Essen *à la canadienne* kochte. Ich hatte seit dem Vortag in New Jersey nichts mehr gegessen, und das waren bloß Pommes und ein einsames glibbriges Spiegelei in einem reichlich beschissenen Imbiss gewesen, und jetzt zerschnitt ich bunte Papierstreifen und klebte sie zu kleinen Ringen zusammen, während Jacks Girlande länger wurde und mein Kopf von Wein und Gras schwirrte.

Die große alte Lady in ihrem gemusterten Weihnachtskleid verschwand wieder, aber ihr Essen war da, und so aßen wir, Jack und ich, Seite an Seite, ließen unsere Beat-Teller auf dem Sofa stehen, warfen die Girlande über den Baum, und wir suchten die Mäntel in der Garderobe ab, um noch eine Flasche Tokaier aufzutreiben, als es an der Tür klopfte. Dieses Klopfen war nicht wie mein Klopfen. Ganz und gar nicht. Dies war ein zartes Klopfen, voller Understatement und Minimalismus, in dem jedoch ein großer Kontinent der Leidenschaft und Erwartung enthalten war – kurz gesagt: ein weibliches Klopfen. »Na«, sagte Jack, und seine Miene erhellte sich beatvergnügt, denn er hatte das schlanke Gefäß einer Halbliterflasche in der Innentasche seiner Seemannsjacke entdeckt, »willst du nicht aufmachen?«

»Ich?«, fragte ich und grinste mein allerfertigstes Beat-Grinsen. Ich war dabei, gehörte voll dazu, ich war Jacks Landsmann und Vertrauter, wir standen im Flur seiner Bude in Northport auf Long Island, in unseren abgefahrenen Beat-Bäuchen eine gute, von Jacks Mutter gekochte, dampfend warme Mahlzeit, und er schickte mich an die Tür – mich, einen siebzehnjährigen Niemand. »Meinst du das ernst?« Mein Grinsen wurde breiter, sodass die Ostküstenkälte bis in die hinterste Füllung meiner reihenhausmäßig zahnarztgepflegten Backenzähne kroch.

Jack machte die Flasche auf, trank, reichte weiter. »Was da klopft, ist 'ne Biene, Buzz.«

Ich: »Ich steh auf Bienen.«

Jack: »Was da klopft, ist 'ne abgefahrene, süße Frühlingsblume von einer ausgeflippten, langbeinigen, stupsnäsigen, übermütigen, von zu Hause zum großen Jack Kerouac weggerannten flotten Biene mit Baskenmütze.«

Ich: »Ich bin ganz verrückt nach abgefahrenen, süßen Frühlingsblumen von ausgeflippten, langbeinigen, stupsnäsigen, übermütigen, von zu Hause zum großen Jack Kerouac weggerannten flotten Bienen mit Baskenmütze.«

Jack: »Dann mach ihr schon auf!«

Ich öffnete die Tür, und da war sie, alles wie beschrieben

und noch mehr, sechzehn und mit großen, runden Augen und langen Haaren wie Mary Travers von Peter, Paul und Mary. Mit weit offenem Mund musterte sie mich: meine lodengrüne Baskenmütze, die darunter hervorlugende, strähnige Wildheit meines Haars, meine Beat-Levi's-Jacke und die Jeans und meine kiffroten, glücklichen Bin-den-ganzen-Weg-von-Oxnard-bis-hierher-getrampt-Augen.

»Ich wollte eigentlich zu Jack«, sagte sie, und ihre Stimme war brüchig und heiser und leise. Sie senkte den Blick.

Ich sah zu Jack, der hinter mir stand, sodass sie ihn nicht sehen konnte, und hob fragend die Augenbrauen. Jack musterte mich mit dem verhangenen, schwelenden Blick eines Buchumschlags aus der Hölle, dann trat er vor, nahm mir die Flasche ab, beugte sich zu der Biene runter, die jetzt zu ihm aufsah, und kitzelte ihr das Kinn mit einem gekrümmten, total abgefahrenen Beat-Zeigefinger. »Kille-kille-kille«, sagte er.

Sie hieß Ricky Keen (eigentlich Richarda Kinkowski, aber sie stellte sich uns lieber so vor), war den ganzen Weg von Plattsburgh hergetrampt und ebenso voll der Heldenverehrung und des unartikulierten Lobgesangs wie ich. »Dean Moriarty«, sagte sie am Ende einer langen, zusammenhanglosen Rede, die Anspielungen auf fast jede von Jack verfasste Zeile und die Hälfte aller Titel von Zoot Sims enthielt, »der ist am coolsten, echt, mit dem will ich Kinder machen, hundertprozentig.«

Da standen wir also im Flur und hörten der Piepsstimme dieser abgefahrenen sechzehnjährigen Biene mit der fertigen Beat-Mähne und den runden Augen zu, die vom Kindermachen erzählte, während im Hintergrund Charlie Parker seine Riffs abzog und die Weihnachtsbaumlichter blinkten, und das Ganze war seltsam und irgendwie prägnant. Ich konnte nur immer wieder »Wow!« sagen, aber Jack wusste genau, was zu tun war. Er legte mir den einen und der Biene den anderen Arm um die Schultern, schob sein vom Alkohol entflammtes und leicht verquollenes, aber doch die Quintessenz des Beat versprühendes Gesicht dicht an uns heran und sagte, leise und heiser: »Was wir jetzt brauchen, wir drei *hepsters*, Kerle und Bienen gleichermaßen, das ist eine bewusstseinserweiternde Session bis in den frühen Morgen hinein, und zwar in der unbestritten einzigartigsten aller Kommunikationskneipen, in der Bodhisattva-Bar, oder, wie die Fellachen sie auch nennen, in Ziggys Seemannsgrill, gleich um die Ecke von hier. Na, was sagt ihr dazu?«

Was wir dazu sagten? Wir waren sprachlos – stumm, perplex und beinahe zu Tränen gerührt. Der große Mann persönlich – er, der die Halbe, das Viertel und den Cocktail praktisch erfunden und die Kunst, sich damit zuzuschütten, auf den Beat-Gipfelpunkt geführt hatte – wollte uns zwei schlaksige, verdatterte, von zu Hause weggelaufene Minderjährige tatsächlich auf eine echte Kerouac-Kneipentour mitnehmen, auf ein wildes, kreatives nächtliches Besäufnis. Alles, was ich zustande brachte, war ein zustimmendes Nicken, Ricky Keen sagte: »Yeah, klar, echt gut, ey!«, und schon standen wir zu dritt draußen im eisigen Eisregen, auf den Straßen das widerliche Ostküstenglatteis. Ricky auf der einen Seite von Jack, ich auf der anderen, und Jacks Arme vereinten uns. Die Flasche kreisen lassend, kosteten wir die Freiheit auf diesen eisglatten Straßen, in unseren Köpfen brodelte es wirr und fiebrig nach dem fetten Joint mit Mary Jane, der wie durch Zauberei zwischen Jacks Daumen und Zeigefinger aufgetaucht war, und den kleinen benzedringetränkten

Filzstreifen, die er uns auf die Zunge legte wie ein Sakrament. Der Wind sang ein Klagelied. Eis prasselte aus dem Himmel auf uns herab. Uns war's egal. Wir marschierten acht Block weit, unsere Beat-Jacken standen dem Ansturm der Elemente offen, und dennoch spürten wir die Kälte nicht.

Aus der frostig-schwarzen Wüstenei der Long-Island-Nacht schälte sich vor uns Ziggys Seemannsgrill wie eine Zikkurat, ein heiliger Tempel der Beat-Erleuchtung und tiefer Soul-Wahrheiten, erleuchtet nur von den schmalen Neonschleifen der Bierreklamen in den Fenstern. Ricky Keen kicherte. Mir pochte das Herz gegen die Rippen. Ich war noch nie in einer Kneipe gewesen und hatte Angst, mich irgendwie zu blamieren. Aber keine Sorge: Wir waren mit Jack unterwegs, und Jack zögerte keine Sekunde. Er rammte gegen den Eingang von Ziggys Seemannsgrill wie ein Footballstürmer, der durch die Abwehrlinie bricht, die Tür zitterte in den Angeln und krachte gegen die Wand dahinter, und während ich nachdenklich die dreiundachtzig Cents in meiner Hosentasche betastete, stürmte Jack die Kneipe mit einem brüllenden »Mach auf die Bar, du Keeper – seht her, ihr verschlafenen Fellachen, hier kommt die Beat Generation!«.

Ich wechselte einen Blick mit Ricky Keen. Die Kneipe war still wie eine Leichenhalle, die Wände waren mit einem kitschigen Hawaiidesign bemalt, auf zwei Plastikpalmen lag der Staub so dick, als wären sie eingeschneit, und es war drinnen fast so finster wie draußen. Der Barkeeper, aufgeschreckt durch Jacks fröhliche vollkehlige Proklamation von Beat-Laune und ansteckender dionysischer Heiterkeit, sah aus der bläulichen Flimmertrance seines Fernsehers auf wie jemand, dem gerade der letzte Hinrichtungsaufschub verweigert worden war. Er hatte fleischige

Hängebacken und trug ein dreckiges weißes Hemd, dazu eine kleine Frackschleife, die ihm wie ein totes Insekt auf dem Kragen klebte. Er zuckte zusammen, als Jack seine Beat-Faust krachend auf die Theke sausen ließ und dröhnend bestellte: »Für alle was von allem hier!«

Ricky Keen und ich folgten in Jacks Kielwasser, angeturnt durch die Nähe zum Urpunkt des Beats und von Wein, Marihuana und Speed, die durch unsere weggetretenen Teenie-Adern rasten. Wir blinzelten in das trübe Licht und bemerkten, dass die von Jack so bezeichneten »alle« eine Dreiergruppe bildeten: eine traurige, mystische, stark geschminkte Cocktailkellnerin in Netzstrümpfen und schwarzem Ballettröckchen und zwei stoppelhaarige Fernfahrertypen in blauen Arbeitshemden und braunen Hosen. Der größere der beiden, ein Mann mit einem Gesicht wie ein Stück Rindfleisch, sah mürrisch von seiner Zigarette auf und knurrte: »Maul halten, Arschloch – siehst du nicht, dass wir uns hier konzentrieren?« Dann rotierte der massige geriffelte Nacken zurück, und der Kopf fixierte wieder die Glotze.

Auf der Mattscheibe, die auf dem Wandregal zwischen großen Gläsern mit eingelegten Eiern und polnischen Würsten stand, schnitt der Komiker Red Skelton, eine Weihnachtsmannmütze auf dem Kopf, Grimassen für all die toten, leeren, geistlosen Wohnzimmer Amerikas, und mir wurde mit einem tiefen Aufwallen von überwältigender beatuntypischer Trauer klar, dass auch meine eigenen Spießbürger-Eltern draußen in Oxnard jetzt vor ihrem Fernsehgerät hockten und demselben verzerrten Gummigesicht zusahen und sich vermutlich fragten, was aus ihrem heißgeliebten Sprössling geworden war. Ricky Keen mochten ähnliche Gedanken durch den Kopf gehen, so trist und trübselig sah sie in diesem Moment aus, und ich wollte sie umarmen, ihr übers Haar streichen und die Wärme ihres süßen kleinen Beat-Körpers an meinem spüren. Nur Jack schien es nichts auszumachen. »Bier für alle«, beharrte er, trommelte mit der Faust auf die Theke, und ehe der Barkeeper sich noch von seinem Hocker aufraffen konnte, um dem Wunsch nachzukommen, erweckte Jack in der Musikbox Benny Goodman zum Leben, und wir suchten unser Kleingeld zusammen, während die Fernfahrer stoisch vor ihren frischen, von Jack bezahlten Bieren saßen und die Kellnerin uns aus ihren schwarzen, eingefallenen Augen musterte. Natürlich war Jack pleite, und meine dreiundachtzig Cents brachten uns auch nicht weit, aber zum Glück förderte Ricky Keen aus einem kleinen Portemonnaie in ihrem Stiefel ein paar zerknüllte Dollarscheine zutage, und das Bier floss wie herber Honig.

Irgendwann während der dritten oder vierten Runde erhob sich der kräftigere der beiden Fernfahrertypen abrupt von seinem Hocker, auf den Lippen die Worte »Kommunist« und »schwule Sau«, um Jack, Ricky und mich mit einem Windmühlenwerk von Schlägen, Fußtritten und Ellenbogenstößen plattzumachen. Wir gingen in einem marihuanageschwächten Geblöke zu Boden, dabei lachten wir wie die Irren und versuchten nicht einmal, uns zu wehren, als auch der andere Fernfahrer, der Barkeeper und sogar die Kellnerin mitmischten. Eine halbe Minute und viele blaue Flecke später kugelten wir drei in einem Gewirr von Gliedmaßen auf die eisige Straße hinaus, und meine Hand wanderte dabei wie zufällig zu Ricky Keens fester kleiner halbgeformter Brust, und zum ersten Mal fragte ich mich, was aus mir werden sollte und – konkreter – wo ich die Nacht verbringen würde.

Aber Jack, dieser heldenhafte, fertige Beat-Typ, murmelte halblaut etwas über Spießer und Philister und kam mir dann zuvor. Er stand torkelnd auf, streckte seine eisenbahnschwielige Hand, die Spontanprosa zu produzieren gewohnt war und jetzt eine Flasche Tokaier hielt, erst Ricky und dann mir entgegen und sagte: »Mitsucher und Sparringspartner, der Weg zur Erleuchtung ist ein steiniger, aber heute, heute werdet ihr bei Jack Kerouac übernachten.«

Ich erwachte am Nachmittag auf dem Sofa im Wohnzimmer in der Wohnung, die Jack mit seiner Mémère teilte. Das Sofa war ein hartes Terrain, zerfurcht und zerklüftet von tiefen Tälern und hohen, harten, vom Durchzug gepeitschten Gipfeln, doch meine magere, unempfindliche Siebzehnjährigengestalt war dennoch auf eine Weise eins mit ihm geworden, die geradezu der Seligkeit nahekam. Immerhin war es ein Sofa und nicht der schmale Vordersitz eines über die Straßen rumpelnden Sattelschleppers oder Pkws, außerdem umwehte es die zerknitterte Aura von Jacks spätnächtlichem Büchergeblätter, Jointgedrehe, Bongogetrommel, die es empfahl, ja die es weihte. Was tat es da schon, dass mein Kopf größer war als ein Wetterballon und der restliche Körper sich anfühlte wie ein Klumpen Hackfleisch? Was tat es, dass mir vom billigen Wein, vom Gras und Benzedrin so übel war, dass mir die Zunge wie ein Klettverschluss am Gaumen klebte und dass Ricky Keen, statt mit mir das Sofa zu teilen, auf dem Boden schnarchte? Was tat es, dass aus dem Küchenradio spießige Weihnachtslieder von Bing Crosby und Mario Lanza schmetterten und dass Jacks massige, gewaltige Seele von Mutter alle fünf Sekunden ihren breitschultrigen Leib ins Zimmer schob, um mir einen Blick von sprühendem Hass und mütterlicher Ungeduld zuzuwerfen? Was tat es? Ich war bei Jack. Eingetroffen im Nirwana.

Als ich endlich die merkwürdige, verfilzte, nach Waschpulver riechende, total fertige Canuck-Häkeldecke zurückschlug, die irgendeine gute Seele – Jack? – im Zwielicht der frühen Morgenstunden über mich gebreitet hatte, bemerkte ich, dass Ricky und ich nicht allein im Zimmer waren. In dem Lehnsessel direkt vor mir saß reglos wie ein Totempfahl ein Fremder, ein hagerer, drahtiger, langnasiger, irgendwie brahmanisch aussehender Typ mit starrem Hundertmeilenblick und einem stumpfbraunen Beat-Anzug, der ohne Weiteres einem Versicherungsvertreter aus Hartfort, Connecticut, hätte gehören können. Er atmete kaum und blinzelte aus glasigen Augen in irgendeine dunkle, unergründliche Vision, wie jemand, der den Blick in einen endlosen Tunnel richtet – einen so echsenartigen Menschen hatte ich noch nie gesehen. Und wer konnte das sein, fragte ich mich, der da an Heiligabend in Jacks abgefahrener Beat-Wohnung saß und offenbar im Einklang mit einer völlig anderen Realität stand? Ricky Keen schnarchte leise in ihrem Nest am Boden. Ich studierte den Mann auf dem Sessel, als wäre er ein wissenschaftliches Projekt, bis es mir schlagartig klar wurde: Das war niemand anders als Bill persönlich, der Scharfschütze, der sich den weiten Weg über die Beat-Wogen des blaukalten Atlantiks von Tanger hierher verfrachtet hatte, um Jack und seiner fertigen Beat-Madonna frohe Weihnachten und ein gutes neues Jahr zu wünschen!

»Bill!«, rief ich und sprang vom Sofa, um seine hölzerne, tote Hand zu schütteln, »das ist ja echt … also, ich kann gar nicht sagen, was für eine Ehre das ist«, und auf diese weggetretene, ehrfürchtige Weise machte ich gut zehn Minuten lang weiter, vielleicht hatte ich auch noch einen Rest Benzedrin in mir, und dann klappte Ricky Keen ihre Augen aus purem Gold auf, wie zwei Butterflocken, die auf einem Stapel Pfannkuchen schmolzen, und ich merkte, dass ich hungrig und gerädert und verkatert war, und Bill zeigte ohnehin keine Regung und sagte kein Wort.

»Wer ist denn das?«, stieß Ricky Keen in ihrer brüchigen, kratzigen, heiseren Kehlkopfkrebsstimme hervor, die ich inzwischen unglaublich sexy fand.

»Wer das ist?«, erwiderte ich ungläubig. »Na, das ist Bill.«

Ricky Keen reckte sich, gähnte und schob ihre Baskenmütze zurecht. »Welcher Bill?«

»Du meinst, du weißt nicht, wer Bill ist?«, quietschte ich, und die ganze Zeit über saß Bill wie eine Leiche vor uns, seine Iris trocknete aus und seine Lippen waren fest um seinen kleinen nuggetförmigen Mund zusammengekniffen.

Ricky Keen ignorierte meine Frage. »Haben wir gestern Abend eigentlich was gegessen?«, knurrte sie. »Ich hab derart Hunger, dass ich kotzen könnte.«

In diesem Augenblick wurde ich mir eines total fertigen, scharfen, speicheltreibenden, wilden Geruchs bewusst, der aus der Küche herüber auf denselben Beat-Luftwellen daherwehte, der auch die verkitschten Sangeskünste von Bing und Mario herantrug: Jemand machte Pfannkuchen!

Trotz unserer tiefen Soul-Bruder- und auch Schwesternschaft mit Jack und seiner Mémère waren Ricky und ich uns doch nicht ganz sicher, ob wir so einfach die Küche stürmen und uns dort einen Teller jener Pfannkuchen erschmeicheln durften, daher hielten wir kurz inne und klopften zunächst gegen die hölzerne Schwingtür. Von drinnen keine Antwort. Wir hörten Mario Lanza, das Zischen von Fett in der Pfanne und Stimmen, die redeten oder trällerten. Eine von ihnen schien Jack zu gehören, also klopften wir noch einmal an und stießen die Tür dann kühn auf.

Wenn alles bisher Geschehene einen Höhepunkt haben konnte, die Beat-Epiphanie, der Inbegriff von heiligem, irrem Moment, dann war es das: Jack saß am Küchentisch, seine Mutter stand am Ofen, ja, aber da war noch eine dritte Person anwesend, erschienen unter uns wie einer dieser bärtigen Mystiker aus dem Orient. Und wer konnte das sein, mit dieser wahnsinnigen, gescheiten, glubschäugigen, dicklippigen Mischung aus Zen-Weisheit und froschartiger Anmut? Ich wusste es sofort: Es war Allen. Allen persönlich, der Dichterfürst des Beat, den weiten Weg von Paris hergekommen für diesen abgefahrenen Augenblick mit Jack und seiner Mutter in ihrer bescheidenen, aber total fertigen Beat-Küche an der kalten Nordküste von Long Island. Er saß mit Jack am Tisch, vor sich einen wirbelnden Kreisel und sang dazu mit seiner verwaschenen, blubbrigen, von süßem Wein befeuchteten Stimme:

»Kreisel, Kreisel, Kreiselchen,

Gemacht bist du aus Ton,

Und wenn ich dich mal tanzen lass,

Dann kreiselst du auch schon.«

Jack winkte Ricky und mich herein und schob uns auf zwei leere Stühle am Küchentisch. »Abgefahren«, murmelte er, während der Kreisel über die Tischplatte sauste, und goss jedem von uns ein Wasserglas mit koscherem Brombeerwein ein, von dem sich mir beim ersten klebrigen Schluck die Kehle zusammenzog. »Trink aus, Mann, es ist Weihnachten!«, dröhnte Jack und klopfte mir auf den Rücken, damit die Speiseröhre wieder durchlässig würde.

Hier nun bekam Mémère ihre Rolle in der Geschichte. Irgendwas brodelte in ihr, sie war zornrot im Gesicht, zog die Schultern hoch, und in ihr loderte eine weißglühende, siedendheiße, nicht zu bändigende Wut, aber sie servierte uns die Pfannkuchen, und wir aßen sie in einer gabelschwenkenden, sirupvergießenden, butterverstreichenden Beat-Kommunion, während Allen über den inneren Weg rhapsodisierte und Jack uns Wein einschenkte. Im Nachhinein betrachtet, hätte ich ein bisschen besser auf Jacks Mutter und ihre Launen Acht geben sollen, aber ich schob mir die Pfannkuchen nur so rein, aalte mich im abgefahrenen Beat und achtete einfach nicht auf ihre stechenden Blicke und das Pfannengeklapper. Anschließend ließen wir unsere Beat-Teller stehen, wo wir sie leer gegessen hatten, und stürmten ins Wohnzimmer, um ein paar Scheiben abzuhören und auf die Bongos einzutrommeln, während Allen einen wirbligen Tanz tanzte und auf der Holzflöte blies und Bill die ganze Zeit in den langen Tunnel seines Ichs hineinstarrte.

Was soll ich sagen? Die Legenden waren versammelt, wir schnitten die Benzedrininhalatoren auf und schluckten die kleinen sattgetränkten Filzstreifen darin, feierten ein Fest mit grünem Gras und machten auch noch einen fertigen Beat-Gang zum Schnapsladen, um Wein und noch mehr Wein zu holen. Als es Abend wurde, spürte ich, wie die Flügel des Bewusstseins von meinem Rücken abkoppelten, und meine Erinnerung an die Ereignisse danach ist grandios, aber verschwommen. Irgendwann – gegen acht? neun? – wurde ich durch ein Schnüffeln und mühsam niedergekämpftes Schluchzen aus der Beatnik-Benommenheit eines siebzehnjährigen Newcomers geweckt. Ich öffnete die Augen und sah vor mir die bis auf eine Seemannsjacke nackte Gestalt von Ricky Keen. Offenbar lag ich auf dem Boden hinter dem Sofa, begraben unter einer dicken Schicht Spitzendeckchen, Sesselschoner und zerknüllten Zeitungen, die Lichter des Weihnachtsbaums flackerten an den Wänden, und Ricky Keen stand mit ihren nackten Beinen über mir, weinend und schluchzend, und betupfte sich die feuchten Seen ihrer Augen mit den

Enden ihres langen, abgefahrenen Haars. »Was«, fragte ich, »was ist denn los?« Sie schwankte hin und her, wiegte sich auf den bloßen Füßen, und ich bewunderte unwillkürlich ihre Knie und die Art, wie ihre nackten jungen Tramperschenkel daraus emporstrebten, um im Faltenwurf der Jacke zu verschwinden.

»Es ist wegen Jack«, jammerte sie, und das süße Schaben ihrer Stimme blieb ihr in der Kehle stecken, und dann kniete sie über meinen ausgestreckten jeansumhüllten Beinen wie eine Büßerin.

»Jack?«, wiederholte ich dümmlich.

Ein Augenblick der Stille, tief und hingebungsvoll. Keine kitschigen Choräle erklangen aus dem Küchenradio, ich hörte weder wilden zähnefletschenden Jazz noch dröhnende indische Sutras vom Plattenspieler, da war kein Allen, kein Jack und keine Mémère. Wäre ich in der Lage gewesen, mich aufzusetzen und den Kopf über die Sofalehne zu strecken, hätte ich gesehen, dass das Zimmer völlig leer war bis auf Bill, der immer noch in seinem komatösen Tagtraum verharrte. Ricky Keen saß auf meinen Knien. »Jack will mich nicht«, sagte sie ganz leise, sodass ich kaum merkte, dass sie überhaupt sprach. Und dann, schmollend: »Er ist betrunken!«

Jack wollte sie nicht. Ich verdaute diese Information, stellte schildkrötenartig langsam Verbindungen her, während Ricky Keen mit ihren goldenen Augen und den langen Haaren auf meinen Knien hockte, und schließlich fragte ich mich: Wenn Jack sie nicht will, wer dann? Ich hatte in dieser Hinsicht nicht allzu viel Erfahrung – meine Abenteuer mit dem anderen Geschlecht beschränkten sich auf sehnsüchtige Blicke in der Schule und gelegentliches Gefummel im Kino –, aber ich war bereit, etwas dazuzulernen. Ach was, begierig war ich.

»Jungfrau sein ist total beschissen«, stieß sie hervor, dabei knöpfte sie die Jacke auf, und ich setzte mich auf und nahm sie in die Arme – drückte mich keuchend und schwitzend und sexhungrig und teeniehaft an sie, ja wirklich –, und wir küssten einander und erforschten keuchend unsere Körper in einer wabernden Wolke aus abgefahrener Beat-Glückseligkeit und heiliger Verzückung. Viel später lag ich ausgestreckt da, noch bebend von dem süßen Zauber und Reiz, während Ricky sich sanft in meinen rechten Arm schmiegte, als plötzlich die Eingangstür aufflog und die weltweit wildeste, benzedrinbedröhnte, ostwestküstenweite Hep-Stimme das Zimmer erhellte wie ein Buschfeuer. Ich setzte mich auf. Tastete nach meiner Hose. Hielt den Kopf der verdatterten Ricky im Arm.

»Ho, ho, ho«, donnerte die Stimme. »All ihr kleinen Jungs und Mädels, seid ihr auch schön brav gewesen? Ich hab alles gesehen!«

Ich schob den Kopf über die Sofalehne, und da war er, cool und geheimnisvoll. Ich traute meinen Augen nicht: Es war Neal. Gerade entlassen aus San Quentin, stampfte er jetzt als Weihnachtsmann verkleidet ins Haus, einen Sack voll Schnaps, Drogen, Zigaretten und Dosenschinken über die Schulter geworfen, mit den Händen auf unsichtbare Bongos eintrommelnd. »Rauskommen, rauskommen, wo immer ihr seid!«, rief er und zerfloss in einem Meer aus Gekicher. »Ich find schon raus, wer hier brav und wer böse gewesen ist, ja, das werd ich.«

In diesem Augenblick stürmte Jack aus der Küche herein, wo er und Allen ein kleines Schläfchen bei einem Krug Wein gehalten hatten, und nun fingen die wilden Zeiten erst richtig an, die Zeit des Schulterklopfens und des abgefahrenen Abklatschens, des Kiffens und des improvisierten Singens, eben die Beat-Fete des Jahrhunderts.

Ricky Keen erwachte schnaubend, wickelte die Seemanns-jacke um sich und tauchte hinter dem Sofa auf wie eine Beat-Prinzessin, ich griff nach dem Wein, Jack heulte wie ein Kind, und sogar Bill rollte kurz die Augen im Schädel, um so zu tun, als wäre er am Leben. Neal konnte einfach nicht aufhören zu reden und zu trinken und zu rauchen und wie ein Derwisch durchs Zimmer zu wirbeln, Allen brüllte: »Miles Davis!« Der Plattenspieler sprang an, und dann tanzten wir alle, sogar Bill, obwohl er nie aus seinem Sessel aufstand.

Das war der krönende Augenblick meines Lebens – ich war Beat, endgültig und absolut –, und ich wollte, es würde immer so weitergehen. Und das wäre es auch, wäre da nicht Jacks Mom gewesen, jene breitschultrige, wutschnaubende alte Frau in dem Kleid mit dem weih-nachtlichen Muster. Die ganze Zeit war sie nicht zu sehen gewesen, und ich hatte sie in der wahnwitzigen Explosion des Augenblicks völlig vergessen – erst als Jack seinen Moralischen kriegte, tauchte sie auf einmal wieder auf.

Es war ungefähr gegen zwölf. Jack, der etwas weiner-lich geworden war, stimmte eine A-cappella-Version von *Vom Himmel kam der Engel Schar* an und versuchte uns zu bequatschen, gemeinsam zur Mitternachtsmesse in die Sankt-Columbanus-Kirche zu gehen. Allen meinte, er habe nichts dagegen, außer dass er Jude sei; Neal veral-berte das Ganze als Gipfelpunkt kitschiger, bürgerlicher Sentimentalität, Bill hatte Probleme, seine Lippen zu be-wegen, und Ricky Keen sagte, sie sei Unitarierin und nicht ganz sicher, ob sie das brächte. Dann wandte sich Jack tränenüberströmt an mich. »Buzz«, sagte er, und er hatte einen irren schmeichlerischen Unterton in der Stimme, als wär's die riesigste Sache der Welt, »Buzz, du bist ein guter Katholik, ich weiß, dass du das bist – was meinst *du*?«

Alle Blicke waren auf mich gerichtet. Plötzlich dröhnte Stille durchs Haus. Ich war sturzbesoffen, voll drüber, siebzehn Jahre alt. Jack wollte zur Mitternachtsmesse gehen, und es lag an mir, ja oder nein dazu zu sagen. Ich stand reglos da und überlegte mir, wie ich Jack beibringen konnte, dass ich Atheist war und Gott, Jesus und meine Mutter hasste, die mich fünfmal die Woche in die Kirchenschule geschickt hatte, seitdem ich laufen konnte, und jeden Sonntag zum Kindergottesdienst. Mein Mund bewegte sich, aber es kam nichts heraus.

Jack zitterte. Über dem rechten Auge hatte ein Zucken eingesetzt. Er ballte die Fäuste. »Lass mich nicht im Stich, Buzz!«, brüllte er, und als er auf mich losging, versuchte Neal, ihn aufzuhalten, doch Jack wischte ihn beiseite, als wäre er gar nichts. »Mitternachtsmesse, Buzz, Mitternacht!«, grölte er und dabei stand er direkt vor mir, total fertig und beatirre, und ich konnte den Fuselgestank seines Atems riechen. Er senkte die Stimme. »Dafür verfaulst du in der Hölle, Buzz«, zischte er, »verfaulen sollst du.« Allen packte ihn am Arm, aber Jack schüttelte ihn ab. Ich wich einen Schritt zurück.

In diesem Augenblick erschien Mémère auf der Bildfläche.

Sie stürmte ins Zimmer wie eine Figur aus einem japanischen Monsterfilm, massig in ihrem Nachthemd, die fetten Altweiberzehen darunter hervorlugend wie Würstchen, und sie ging direkt auf den Kamin zu und packte den Schürhaken. »Raus!«, kreischte sie, die Augen tief im Schädel versunken. »Raus aus meinem Haus, ihr schwulen Verbrecher und Rauschgiftsüchtigen, und auch ihr« – hier wandte sie sich an mich und Ricky –, »ihr sogenannten Fans und Verehrer, ihr seid ja noch viel schlimmer. Geht zurück, wo ihr hergekommen seid, und lasst meinen

Jacky in Frieden!« Sie erhob den Schürhaken gegen mich, ich duckte mich automatisch, und sie zertrümmerte die Tischlampe. Mit einem Blitz und Krachen explodierte die Lampe, die Furie trat einen Schritt zurück, schwang den Schürhaken wie ein Lasso über dem Kopf. »Raus!«, keifte sie, und die ganze Truppe, sogar Bill, hastete in Richtung Tür.

Jack tat nichts, um sie zu bremsen. Er sah uns mit seinem grüblerischen, lässig-angelehnten Beat-Holzfällerblick an, aber da war noch etwas anderes, etwas Neues, und während ich rückwärts zur Tür hinauswich, in die eklige, raue Ostküstennacht, wusste ich, was es war: der Blick eines verzogenen, schmollenden Muttersöhnchens. »Geht heim zu euren Müttern, ihr allesamt!«, krakeelte uns Mémère hinterher und fuchtelte noch einmal mit dem Schürhaken in unsere Richtung, als wir mit offenem Mund auf der toten, braunen, eisüberzogenen Grasnarbe vor ihrem Haus standen. »Du lieber Gott«, schluchzte sie, »es ist Weihnachten!« Und dann knallte sie die Tür zu.

Ich war wie im Schock. Ich sah zu Bill, Allen und Neal, und die waren ebenso verdattert wie ich. Und die arme Ricky – sie hatte nichts weiter an als Jacks Seemannsjacke, und ich sah die winzigen nackten perfekten Zehen an den süßen Füßen dieser kessen Beat-Biene, die an der Erde festfroren wie kleine Skulpturen aus Eis. Ich fasste mir an den Kopf, um meine Baskenmütze zurechtzurücken, und merkte, dass sie nicht da war, und das war, als hätte jemand die Luft aus mir herausgelassen. »Jack!«, rief ich, und meine brüchige Teenagerstimme wurde zu einem verzweifelten Blöken. »Jack!«, schrie ich. »Jack!«, aber die Nacht ballte sich um uns zusammen, und es kam keine Antwort.

Was von da an passierte, ist eine lange Geschichte. Um es kurz zu machen: Ich befolgte Mémères Rat und ging heim zu meiner Mutter, und als wir dort ankamen, war bei Ricky schon die Periode ausgeblieben. Meine Mutter war zwar nicht eben erfreut, aber wir zogen zu zweit in mein Zimmer ein, wohnten dort einen Monat lang unter den labbrigen Footballwimpeln und Dinosaurierpostern und all diesem Zeug, bis wir es einfach nicht mehr aushielten, und dann suchte sich Ricky, diese abgefahrene, herrlich süße Beat-Madonna-von-der-Straße, eine ultrabeatmäßige Einzimmerwohnung am anderen Ende der Stadt, ich besorgte mir bei der Southern Pacific Railroad einen Job als Bremser, und sie ließ mich bei sich unterschlüpfen, und das war's dann. Wir kifften, zündeten Kerzen und Räucherstäbchen an, schütteten uns Wein rein und vögelten, bis wir wund waren. Die ersten vier Jungs nannten wir Jack, Neal, Allen und Bill, obwohl wir ihre Namensvettern nie wieder zu Gesicht bekamen, außer Allen, bei einer dieser Dichterlesungen, aber da tat er so, als hätte er uns noch nie gesehen. Das erste der Mädchen nannten wir Gabrielle, nach Jacks Mutter, und danach haben wir wohl irgendwie den Überblick verloren und nannten sie einfach nach dem Monat, in dem sie geboren wurden, ohne Rücksicht auf ihr Geschlecht, und so hatten wir am Ende gleich zwei Junes – June den Jungen und June das Mädchen –, aber das war nicht weiter schlimm.

Yeah, ich war Beat, ich war noch viel mehr Beat als sie alle – oder jedenfalls genauso Beat. Wenn ich so zurückblicke, nach den vielen Jahren, wenn ich an die Hypothekenzahlungen denke und an Rickys Entzug und daran, wie viel Geld die Kinder im College kosten, und wie meine Schreinerwerkstatt über der Garage abgebrannt ist und wie verflucht kleinbürgerlich-vorrevolutionär-schweine-mäßig knausrig die Frühinvalidenrente von der Eisenbahn ist, dann frag ich mich manchmal, ob ich heute noch ein abgefahrener, fertiger Beat-Typ bin oder einfach nur fix und fertig. Andererseits – ich fände vermutlich nicht die Worte, das zu beschreiben.

# Daniel Glattauer

## *Die beliebtesten Weihnachtskrisen und die besten Anlässe für Streit*

Wer zu Weihnachten nicht streitet, versäumt die beste Zeit dafür. In allen Ecken und Nischen eines Weihnachtshaushaltes lauern Anlässe. Viele der Haushaltsmitglieder sind bereits seit Mitte Advent »mit den Nerven fertig«, was den Vorteil hat, dass sie zu Weihnachten keine mehr haben und somit nervenfrei zum ersten Streit antreten können. Das Epizentrum der potenziellen Streitausbrüche liegt in der Kernfamilie (Mutter, Vater, Kind) oder in der Populärfamilie (Exfrau, Baby aus soeben beendeter Lebensabschnittspartnerschaft, Exmann, gemeinsamer Rauhaardackel, neue Freundin, deren Tochter und ihr Freund, ein Piercingstudio-Betreiber mit viel Eigenwerbung im Gesicht). Um die Streitkultur zu bereichern und variantenreicher zu gestalten, empfiehlt es sich aber, auch Personen außerhalb des engsten Familienkreises mit einzubeziehen, die man jenseits der Feierlichkeiten nur selten zu Gesicht bekommt. Man denke etwa an die zugeheiratete, aber inzwischen erfolgreich verwitwete Großtante väterlicherseits, deren Erbschaftsverhältnisse noch nicht geklärt sind.

Wer mit dem jeweiligen Streit beginnt, ist egal. Es gibt ohnehin immer ein Wort das andere, bis man sein eigenes nicht mehr versteht. Auf Schuldgefühle kann von Anfang an verzichtet werden, denn jede der Weihnachtsstreitparteien ist prinzipiell im Recht. Kurze Verschnaufpausen

sind ideale Gelegenheiten für herzzerreißende Versöh-
nungsszenen – zum Beispiel vor der Bescherung oder vor
dem Weihnachtsmahl. Dabei können sich die Teilnehmer
mental kräftigen, um den Streit mit doppelter (Laut-)
Stärke wieder aufzunehmen – zum Beispiel nach der
Bescherung oder nach dem Weihnachtsmahl.

Wer im Überangebot widriger Weihnachtsumstände
nicht weiß, mit wem und worüber er zuerst streiten soll
oder wem es schlichtweg an Konfliktpotenzial mangelt,
dem sei eine längerfristige Weihnachtskrise anzuraten.
Folgende Weihnachtskrisen gelten als seriös und haben
sich über Generationen hinweg bewährt und weiterent-
wickelt:

## Die Vorweihnachtskrise

Sie beginnt frühestens am ersten kühlen Sommertag und
endet spätestens am Heiligen Abend. Der Betroffene leidet
chronisch darunter, immerzu an Weihnachten denken zu
müssen. Oft ist dieser Gedanke mit Übelkeit verbunden.
(»Wenn ich an Weihnachten denke, wird mir schlecht.«)

Therapieansatz: Nicht an Weihnachten denken. Zugege-
ben, das ist schwierig, denn ab November erinnert nichts
mehr nirgendwo nicht an Weihnachten. Einzig der Weih-
nachtspunsch hat eine Doppelfunktion. Einerseits ist er
der Inbegriff der weihnachtlichen Vergeistigung, andererseits bietet er die Möglichkeit, Weihnachten zu vergessen,
wenn man genug von ihm erwischt. Aber auch seine Wir-
kung lässt einmal nach. Die Heilungschancen des von der
Krise Befallenen sind also gering. Sogar Philosophen sind
im Streit: Könnte man selbst bei konsequenter Ausschal-
tung aller weihnachtsspezifischen Sinneseindrücke über

Weihnachten hinwegdenken? Wo denkt man da hin? Und, vor allem: Wie kommt man dorthin?

## Die Weihnachtskrise

Stellt sich oft nach gelungener oder abgeklungener Vorweihnachtskrisenbewältigung ein. Das Problem: Weihnachten erweist sich als schlimmer, als man gedacht hätte. Der Betroffene fühlt sich wie vom Christkind bestellt, aber von den Schwiegereltern heimgesucht. Der Schatten seiner selbst, als der er sich wahrnimmt, steht seinerseits im Schatten des Christbaums. Das Büro – oft letztes Asyl – hat über die Feiertage geschlossen, die Vierschanzentournee der Skispringer noch nicht begonnen. Sogar zur Weihnachtlichen Lethargie fehlt der Antrieb

Therapieansatz: Drei- bis fünfmal täglich zwanzig bis dreißig Weihnachtskekse, zerkaut oder im Ganzen. In heiklen Situationen in Alkohol aufgelöst.

## Die Nachweihnachtskrise

Die vergleichsweise angenehmste aller Weihnachtskrisen. Ist man sich ihrer einmal bewusst, ist sie so gut wie ausgestanden. Oft erschöpft sie sich in der rhetorischen Frage des Betroffenen: »Was waren das denn für Weihnachten?« Man leidet unter dem Gefühl, dass einem wieder einmal nichts geschenkt wurde. Zumindest nichts, was sich umtauschen ließe, wie zum Beispiel der engste Personenkreis. So startet man das neue Jahr immunschwach, mit Niedrigenergie und wenig Lust am familiären oder gar geselligen Leben.

Therapieansatz: Fasching. In härteren Fällen: Fastenzeit.

# Die Lebenskrise

Wenn die Vorweihnachtskrise in die Weihnachtskrise übergeht, die dann von der Nachweihnachtskrise abgelöst wird, und man sich zwischen Nachweihnachtskrise und der nächsten Vorweihnachtskrise in einem Sommerloch befindet, dann spricht man von einer Lebenskrise. Sofern man überhaupt noch spricht.

Therapieansatz: Malediven. Astronautenausbildung, Reinkarnation.

Jenseits allgemeiner und allgemein verständlicher Weihnachtskrisen gibt es jede Menge anlassbezogener Möglichkeiten, Streit zu entfachen, anzufeuern, köcheln oder ausufern zu lassen. Hier einige Klassiker.

## Der Doppelbelastungsstreit

Die streitsuchende Person, zumeist weiblichen Geschlechts, behauptet, sämtliche mit Weihnachten verbundenen manuellen und organisatorischen Tätigkeiten (bezogen auf eine Woche und drei bis zehn Personen) müssten von ihr verrichtet werden. Sie behauptet es allerdings zu einem Zeitpunkt, da die Arbeit so gut wie erledigt ist. Deshalb sind dem angesprochenen (bzw. Angeschrienen) die Hände gebunden. Sein Argument, man könne sich viel Arbeit sparen, indem man sie nicht sehe, bringt den Streit zum Eskalieren.

# Der Verpackungsstreit

So schön wie im verschachtelten, umhüllten, festlich ver-
schnürten und mit Schleife versehenen Zustand präsen-
tieren sich die meisten Gegenstände nie wieder. Auf der
Verpackung lastet deshalb enormer Druck, Weihnachts-
papier bietet eine immense Angriffsfläche. Hier nur eine
der zahlreichen Streitmöglichkeiten – die Daumenprobe:
Sie packt die Geschenke ein. Er steht daneben und schüt-
telt den Kopf. Sie bittet ihn unfreundlich, als Symbol für
die Willensbereitschaft, am Weihnachtsfest mitzuwirken,
seinen Daumen auf einen ersten Geschenkbandknoten zu
legen, damit sie einen zweiten knüpfen kann.

Variante 1.) Sie zieht kräftig zu. Er schreit auf, verflucht
die Festtage und zweifelt am Sinn einer (phasenweise)
monogamen Lebensgemeinschaft, zu deren emotionalen
Höhepunkten das Verpacken von Geschenken zählt.

Variante 2.) Er nimmt seinen Daumen zu früh weg,
sodass sich der Knoten lockert, Ihr fallen spontan drei
Männer ein, die den Daumen für sie drei Tage auf der
von ihr zugewiesenen Stelle gelassen hätten. Unmittelbar
danach leitet sie einen Satz mit den Worten »Du bist ja
nicht einmal fähig« ein. Mehr braucht sie nicht zu sagen,
den Rest erledigt Weihnachten.

# Der Karpfenstreit

Der gebackene Karpfen glänzt unter der dunkelbraunen
Panade schmutzigrosa und riecht (wie die gesamte Wohnung) nach Karpfen. Wonach er schmeckt, kann nicht gesagt werden, weil er nicht verkostet wird, solange er nach

Karpfen riecht. Streitfrage: Warum muss es ausgerechnet am Heiligen Abend Weihnachtskarpfen geben? Warum nicht grätenfreien Weihnachtsschweinsbraten mit Weihnachtsrotkraut und Weihnachtsknödeln?

Der Höhepunkt der Streits ist erreicht, wenn sich beide Streitparteien weigern, den unverspeist gebliebenen Speisekarpfen zu entsorgen.

## Der Verwandtschaftsstreit

Dieser Konflikt ist facettenreich und wie geschaffen für Weihnachten. Die simple Streitform besteht darin, dass sich die jeweilige Streitpartei weigert, das Kind seiner Eltern zu sein, und umgekehrt. Kompliziert wird es, wenn sich die Streitpartei weigert, die Frau des Sohnes ihrer Schwiegermutter (oder der Mann der Tochter seines Schwiegervaters zu sein). Weigert sich allerdings nur die Frau, die Frau des Sohnes ihrer Schwiegermutter zu sein, nicht aber der Mann, der Sohn seiner Mutter zu sein, so liegt eine der reinsten Formen des Ehestreits vor. Auch anwesende Tanten, Onkel, Neffen, Nichten, Cousins, Cousinen, Omas und Opas sind aufgerufen, ihren Beitrag zu leisten. Am Höhepunkt der Streitigkeiten empfiehlt sich die Bescherung.

## Der Bedienungsanleitungsstreit

Nach der Bescherung steigt die Streitanfälligkeitskurve noch einmal rasant an. Alle Beteiligten haben sich mit der Freude über die erhaltenen Geschenke verausgabt, müssen den Spendern aber noch beweisen, wie wertvoll ihnen die soeben erhaltenen Gaben sind. Bücher lassen sich rasch mit Begeisterung durchblättern, Westen und Pullis verklärt anziehen, Ketten, so hässlich sie auch sein mögen, lustvoll um den Hals legen. Aber wie erweist man dem neuen Dampfgarer die Ehre? Richtig, man muss ihn in Betrieb nehmen. Wer hilft mit? Alle, die nichts zu tun haben. (Also alle außer den Kindern.) Bei normalem Verlauf eines weihnachtsfamiliären Massenstudiums der Dampfgarologie, unter Verwendung der in fünfter Übersetzung unsanft im Deutschen gelandeten Gebrauchsanleitung, wechselt das Gerät nach einer Stunde den Besitzer und kehrt aus den Händen des traumatisierten Beschenkte in jene des schikanösen Spenders zurück. Danach ist der Abend gelaufen.

## Der Stefanitagstreit

Ein Weihnachtsabend mit ihrer Verwandtschaft und ein darauffolgender Weihnachtstag mit seiner Verwandtschaft wären an sich familiär genug für die nächsten paar Jahre gewesen. Nein, es muss noch der schul- und arbeitsfreie 26. Dezember, der Stefanitag, folgen. Er bietet einen äußerst gesunden Nährboden für den Rumpffamilienzwist. In jedem Winkel zwischen Minuten- und Sekundenzeiger lauert die Eskalation. Wer sie rauszögern will, halte sich an folgenden Programmvorschlag: Schlafen, solange das geschlossene Auge hält. Die Kinder im Nebenzimmer haben indes Gelegenheit, sich mittels Crashtests von unliebsamen Geschenken zu befreien. Danach Mittagessen bei McDonalds mit anschließendem Verdauungsspaziergang. (Bei klassischem Weihnachtswetter eine Runde um McDonalds, bei Schönwetter zwei.) Am Nachmittag dösen. Wem das zu anstrengend ist: schlafen. Am Abend: Weihnachtsresteessen vor dem Fernseher. Danach könnte er seine ersten Worte des Tages an sie richten. Zum Beispiel: »Ich bin müde.« Sie könnte mit einer Frage reagieren. Zum Beispiel: »Wie meinst du das?« – Damit ist der möglicherweise heftigste Streit der Saison eröffnet.

# Joachim Ringelnatz

## *Einsiedlers Heiliger Abend*

Ich hab' in den Weihnachtstagen –
Ich weiß auch, warum –
Mir selbst einen Christbaum geschlagen,
Der ist ganz verkrüppelt und krumm.

Ich bohrte ein Loch in die Diele
Und steckte ihn da hinein
Und stellte rings um ihn viele
Flaschen Burgunderwein.

Und zierte, um Baumschmuck und Lichter
Zu sparen, ihn abend noch spät
Mit Löffeln, Gabeln und Trichter
Und anderem blanken Gerät.

Ich kochte zur heiligen Stunde
Mir Erbsenuppe mit Speck
Und gab meinem fröhlichen Hunde
Gulasch und litt seinen Dreck.

Und sang aus burgundernder Kehle
Das Pfannenflickerlied.
Und pries mit bewundernder Seele
Alles das, was ich mied.

Es glimmte petroleumbetrunken
Später der Lampendocht.
Ich saß in Gedanken versunken.
Da hat's an die Türe gepocht,

Und pochte wieder und wieder.
Es konnte das Christkind sein.
Und klang's nicht wie Weihnachtslieder?
Ich aber rief nicht: »Herein!«

Ich zog mich aus und ging leise
Zu Bett, ohne Angst, ohne Spott,
Und dankte auf krumme Weise
Lallend dem lieben Gott.

# Robert Benchley

## *Richtiges Weihnachten nach altem Brauch*

An jedem Weihnachtsfest, gerade wenn die Sache so langsam Fahrt aufnimmt, schließt früher oder später jemand seine Augen, legt den Kopf in den Nacken und seufzt: »Ach, es ist einfach nicht mehr so wie früher. Richtiges Weihnachten nach altem Brauch scheint es heute nicht mehr zu geben.« Worauf aus meiner Zimmerecke dann ertönt: »Stimmt, und das ist gut so.«

Was genau sie meinen, wenn sie von »Weihnachten nach altem Brauch« reden, darauf lassen sie sich nie festlegen. »Unmengen Schnee«, murmeln sie, »und Unmengen zu essen.« Dabei kann man, wenn man es nur richtig anstellt, auch heute zu viel Schnee und zu viel Essen kommen. Na ja, viel Schnee auf jeden Fall.

Außerdem spukt in den Köpfen herum, dass man Weihnachten nach altem Brauch nur auf dem Lande feiern könne. Und egal, ob man auf einem Bauernhof aufgewachsen ist oder die Vorstellung von Weihnachten auf dem Lande von Bildern aus *Harper's Young People* herrührt – man muss den Leuten klarmachen, dass man als Kind seine Feiertage in einer solchen Umgebung verbracht hat. Und dass, ach, ja, diese Zeiten unwiederbringlich vorbei sind.

Nehmen wir an, Ihr Wunsch geht eines Tages in Erfüllung. Nehmen wir an, die Verwandten Ihrer Frau aus East Russet, Vermont, schreiben Ihnen und laden Sie ein, sie zu besuchen und die Kinder mitzubringen für ein richtiges

Weihnachten nach altem Brauch, »solange wir alle noch da sind«, wie sie mit ihrem untrüglichen Gefühl für gute Stimmung fröhlich ergänzen.

Hurra, hurra! Hinaus aufs Land zu Weihnachten! Packt alles ein, was es in eurem Haus an warmer Kleidung gibt, denn ihr werdet sie brauchen dort, wo die Luft so kalt und sauber ist. Schneeschuhe? Ja, mit einpacken, oder noch besser: Daddy soll sie tragen. Ach, macht das Spaß! Nehmt auch ein paar Schlittenglöckchen mit zum Klingeling-Machen, für den Fall, dass es am Schlitten zu wenige gibt. Ein Klingeling ist unabdingbar. Ebenso wie Whisky gegen Frostbeulen. Oder braucht es den eher gegen Schlangenbisse? Wie auch immer, hinein damit! Los geht's! Auf Wiedersehen, auf Wiedersehen! KLINGE-LING-KLINGELING-KLINGELING-Klingeling-Klingeling-Klingeling!

Um nach East Russet zu kommen, müssen Sie den Vermont Central nehmen bis Twitchell's Falls, dort umsteigen nach Torpid River Junction, von wo aus Sie auf einem Nebengleis direkt nach Gormley gelangen. In Gormley erwartet Sie ein leichter vierrädriger Pferdewagen, der Sie erneut nach Torpid River Junction bringt. Unterdessen ist ein Zug oder sonst was eingetroffen, der den Regionalzug aus Besus abwartet. Das lässt Ihnen genug Zeit, um Ihren kleinen Jungen in die Schule zu schicken, wo er die dritte Klasse abschließt.

In East Russet holt euch Opa mit dem Schlitten ab. Das Gepäck wird aufgeladen, Mama setzt sich nach vorne mit Lester auf dem Schoß, Daddy setzt sich mit Junior und Ga-Ga hinten zum Gepäck. Hü, Esther-Mädel!

Esther-Mädel macht Hü, und zwei Koffer fallen aus dem Schlitten. Ach herrje! Da heißt es absteigen, die Koffer aufheben und den Schnee abwischen, der einem dabei in den Ärmel geraten ist. Was gibt es Schöneres als Schnee im Ärmel? Guter, sauberer Schnee hat noch keinem geschadet. Zum Glück, denn nach ein, zwei Kilometern stellen Sie fest, dass Ga-Ga fehlt. Macht nichts, sie ist ein selbständiges kleines Mädchen und wird den Weg zum Bauernhof bestimmt von alleine finden. Wahrscheinlich wird sie dort schon auf Sie warten, wenn Sie eintreffen.

Der Bauernhof liegt auf einem Hügel elfhundert Meilen vom Stadtzentrum entfernt, also kurz vor Kanada. Weht im Winter eine Brise, dann spürt man die hier. Aber was macht schon eine Brise, solange man im Vorderzimmer einen Ölofen der Marke Little Colonel hat, der im Umkreis von vier Inches alles warm und gemütlich macht. Und dann der große offene Kamin, durch den die Kälte hereinfährt. Was für ein Spaß!

Sie steigen vor dem Bauernhaus vom Schlitten, leicht humpelnd, weil die Reisedecke verrutscht und Ihr rechtes Bein gefroren ist. Oma wartet schon in der Tür, alle drängeln hinein, strahlend vor guter Laune. »Frohe Weihnacht, Oma!« Lester ist verstimmt, und Junior schläft und muss die Treppe hochgeschleift werden, wobei er gegen jede Stufe schlägt. Es ist so spät, dass Sie beschließen, jetzt alle zu Bett zu gehen, zumal Sie erfahren haben, dass es um halb fünf Frühstück geben wird. Normalerweise gibt es das um vier, aber an einem Feiertag wie Weihnachten, da gönnt man sich was und schläft aus.

Oben am Ende der Treppe angekommen, geraten Sie in einen Luftzug, der Sie an eine wohltemperierte Gruft gemahnt. Sie befinden sich damit in der Schlafzimmerzone, in der das Thermometer vom fünfzehnten Oktober bis Mitte Mai die Nullmarke nie überschreitet. Die Zimmer, in denen nicht geschlafen wird, werden zur Aufbewahrung von leicht verderblichem Obst und Gemüse benutzt, wobei die Tomaten und Birnen regelmäßig mit sanftem Fingerdruck überprüft werden müssen, damit sie nicht zu hart werden und Risse bekommen.

Bevor man in einem von Opas Schlafzimmern ins Bett schlüpft, geht man am besten wie folgt vor: Vom Fuß der Treppe, wo es warm ist, rast man zwei Stufen auf einmal nehmend hoch, um den Blutkreislauf in Gang zu halten. Die Zimmertür mit einer Hand öffnend, reißt man mit der anderen die Vorhänge von den Fenstern, schnappt sich die Teppiche vom Boden und die Tagesdecke von der Kommode. Man häuft alles auf das Bett, legt die Schranktür, die man aus den Angeln gerissen hat, oben drauf und wirft sich darunter. Manchmal kann es hilfreich sein, Galoschen über die Schuhe zu ziehen.

Doch auch wenn Sie sich jetzt im Bett befinden, ist das noch keine Garantie dafür, dass Sie einschlafen können. Opas Matratzen bestehen, so hat es den Anschein, aus Silage: Maishülsen, Ofenkartoffelschalen und länglichen drahtigen Dingern, die sich wie Pfeifenreiniger anfühlen. Sich in einer kalten Nacht in diese hineinzukuscheln, ist ungefähr so heimelig, als kuschelte man sich draußen im Wald in einen Haufen klammer Tannenzapfen.

Und dann tut sich da einiges im Haus. Kurz nachdem Sie sich ins Bett geflüchtet haben, knarrt die Treppe. Gleich darauf läuft etwas über Ihnen übers Dach. Sie sagen sich: »Dussel, das ist der Weihnachtsmann.« Dann läuft es hinter dem Kopfende des Bettes in der Wand. Das tut kein Weihnachtsmann. Im langen Flur, der zum Flügel des Hauses führt, seufzt der Wind, und ab und zu schlägt tröstlich eine Tür zu.

Dicht unterhalb des Fenstersimses stirbt unüberhörbar jemand eines qualvollen Todes. Es ist ein leises Stöhnen, mit einem Hauch von Erdrosselung. Vielleicht ist der

Weihnachtsmann vom Dach gefallen. Vielleicht ist aber auch etwas dran an der Geschichte, dass Opas Haus einst der Treffpunkt revolutionärer Schmuggler war, und einer der Schmuggler ist zurückgekehrt, um seinen vergessenen Regenschirm zu holen. In so einem Fall hilft nur eines: sich die Bettdecke über den Kopf zu ziehen. Doch die Kinder haben Angst und möchten nach Hause, und so muss Opa gerufen werden, damit er erklärt, dass das nur Blue Bell draußen im Stall ist. Blue Bell hat Asthma, und in kalten Nächten muss man Geduld mit ihr haben.

Der Morgen des Weihnachtsabends graut bewölkt und kalt, es sieht nach noch mehr Schnee aus, und was wäre denn Weihnachten ohne Schnee? Sie bleiben mehr als eine Stunde lang im Bett liegen und überlegen, wie Sie aufstehen könnten, ohne sich Ihrer Umhüllung zu entledigen. Ein Blick auf den Wasserkrug zeigt, dass man jetzt auf dem See unbesorgt Schlittschuh laufen gehen kann. Sie denken an Ihr wunderbar warmes Bad zu Hause und beschließen, sich erst zu rasieren, wenn Sie wieder dort sind.

Das Aufbrechen des Eises im Wasserkrug scheint ein fester Bestandteil der Jugendjahre großer Männer zu sein, auf den sie immer mit großer Befriedigung zurückblicken. »Als Junge musste ich jeden Morgen das Eis im Wasserkrug aufbrechen, um mich waschen zu können«, wird mit ebenso viel Stolz gesagt wie: »Als Junge war ich Klassenbester.« Was daran bemerkenswert sein soll, ist nicht ganz klar. Vielleicht, dass sie sich die Mühe gemacht haben, sich überhaupt zu waschen? Wenn ich jedenfalls, um mich zu waschen, erst das Eis im Wasserkrug aufbrechen muss, dann lasse ich das Waschen sein. Basta. Da können sich Benjamin Franklin, Ulysses S. Grant und Rutherford B. Hayes auf den Kopf stellen und mit dem Allerwertesten Mücken fangen. Ich bin doch nicht blöd.

Es macht einen Heidenspaß, die Kinder anzuziehen, wenn man ihre Glieder auf und ab bewegen muss, damit sie vor Kälte nicht erstarren. Die Kinder finden es allerliebst und sind so frisch und munter wie Wichtelmännlein, als es Zeit ist, nach unten zu gehen und Opa und Oma »Guten Morgen« zu wünschen. Auch wenn man meinen könnte, die Familienmitglieder seien blaugefroren und ihre Zähne klapperten beim Betreten des Esszimmers.

Nach dem Frühstück bemühen sich alle fleißig um das Abendessen. Dies könnte damit zu tun haben, dass die Küche der einzig warme Raum des Hauses ist. Doch nachdem so viele Kartoffelschalen, Truthahnfedern, Kürbiskerne und Teigreste in der Küche herumgeflogen sind, schicken die Frauen der Familie Sie und die Kinder in den Vorderteil des Hauses, damit Sie sich dort verlustieren (und ihnen aus dem Weg gehen).

Heißa, was haben Sie zusammen mit den Kindern und mit Opa für eine lustige Zeit! Sie können auf dem Rosshaarsofa hin und her rutschen, auf dem Klavier »The Wayside Chapel« spielen (durch die Verschnörkelung des Notenhalters schimmert gelblicher Stoff) oder aus dem Fenster hinausschauen auf zehn Meilen dunkelgrauen Schnees. Vielleicht gehen Sie sogar zum Stall hinaus, um den Pferden und Kühen einen Besuch abzustatten, aber wenn Sie so zwischen ihnen auf und ab gehen, beschleicht Sie das Gefühl, dass Pferde und Kühe einander doch recht ähnlichsehen. Zusammen mit der Kälte des Stalls gehen Ihnen auch die Gerüche von feuchtem Zaumzeug und muffigen Kutschenpolstern durch Mark und Bein.

Natürlich gibt es auch eine Bescherung, doch die ist nicht grundsätzlich anders als beim neumodischen Weihnachten, außer dass bei Weihnachten nach altem Brauch die Sache mit den Geschenken etwas simpler war: Kinder bekamen vor allem Fäustlinge und Schuhe geschenkt und, wenn es hoch kam, einen Schlitten. Während ein heutiger Junge nachmittags um drei seines elektrischen Getreidehebers und des Miniaturteichs mit echten Barschen schon überdrüssig geworden ist, konnte der altmodische Junge von Glück reden, wenn er das Buch *Seeschlachten des Kriegs von 1812* und eine Orange bekam. Genau dies wird oft als Beispiel dafür erwähnt, wie viel besser man die Dinge früher gemacht habe. »Ich sage dir«, raunt Onkel Gyp, »zu meiner Zeit haben Kinder nie solche Geschenke bekommen wie heute.« Und er scheint stolz darauf zu sein, als sei dies sein persönliches Verdienst. Wenn Kinder heute zu Weihnachten elektrische Getreideheber und Blechautos bekommen, warum haben sie es dann nicht so viel besser als ihre Großväter, bei denen es nur für Pulswärmer reichte? Lernen, mit Geld umzugehen, wie die Leute von der Früher-war-alles-besser-Fraktion immer wieder sagen, kann nicht der Sinn und Zweck von Weihnachten sein. Mit Geld umzugehen, kann man, wenn es dann so weit ist, in ungefähr fünf Minuten lernen, aber dazu ist Weihnachten nicht da.

Doch kehren wir zurück auf den Bauernhof, wo Sie, Opa und die Kinder die Zeit totzuschlagen versuchen. Sie können entweder Holz aus dem Schuppen holen, die Wasserpumpe auftauen oder die Bücher vom Bord über dem Schreibtisch lesen. Von diesen drei Möglichkeiten dürfte Holz zu holen am meisten Spaß machen, denn beim Auftauen der Pumpe kann man sich verbrennen, und an Lesematerial gibt es wenig mehr als *Leben und Taten von General Grant*, *Unser erstes Jahrhundert*, *Andys Reise nach Portland*, gebundene Jahrgänge der *Viehzüchter-Gazette* und *Pferdekrankheiten*. Dann gibt es ein paar Bände von *Im trauten Lampenschein* aus den Jahren 1850 bis 1854 sowie Farbdrucke der Pläne der kommenden Weltausstellung in Chicago.

So jagt ein Spaß den anderen, bis Sie zum Abendessen gerufen werden. Und da gibt es wirklich nichts zu bemängeln. Bestünde ein altmodisches Weihnachten nur aus dem Abendessen ohne die altmodischen Schlafzimmer, die altmodischen Wasserkrüge und die altmodischen Lustbarkeiten, hätten wir ewigen Sauertöpfe keinen Bienenstich. Aber man sollte ein gutes Abendessen bekommen können, ohne dafür bis nach East Russet, Vermont, reisen zu müssen; und sollte dem nicht so sein, hätte unsere Zivilisation versagt.

Außerdem hat das Abendessen umso üblere Folgen, je besser es schmeckt. Denn seit es den Menschen gibt, neigt er dazu, sich zu überessen. So sitzen Sie also am Tisch, stopfen sich voll und sagen: »Ach, du liebes bisschen, danach werde ich kaum mehr gehen können. Also, nur noch etwas von dem dunklen Fleisch, bitte, Opa, und dazu von der Füllung. Oje, doch nicht so viel!« Und man hat hier ja nicht die Ausrede des Trunkenbolds, der, nachdem er sich ein paar hinter die Binde gegossen hat, einfach nicht mehr mitbekommt, wie viel er trinkt. Nein, Sie wissen genau, was Sie tun, und trotzdem tun Sie es und lachen darüber, auch auf die Gefahr hin, dabei zu platzen.

Und dann sitzen Sie und stöhnen. Wäre dies ein richtig neumodisches Weihnachten, könnten Sie ins Kino oder spazieren gehen oder eine Spritztour machen. Aber so richtig altmodisch ist es nur, wenn Sie zu Hause bleiben, denn in den alten Zeiten gab es weder Kinos noch Autos, und wenn man einen Spaziergang machen wollte, musste ein Helfer vorausgehen und mit der Schneeschaufel einen Tunnel graben. Wahrscheinlich kann man mittlerweile auf dem Land eine Menge unternehmen, und es gibt dort genauso viele Autos und elektrische Lichter wie in der Stadt, aber Weihnachten mit all diesen Verbesserungen könnte man nicht als »richtiges Weihnachten nach altem Brauch« bezeichnen. Das wäre Betrug.

Wenn Sie die Sache also absolvieren, wie es sich gehört, dann ziehen Sie sich nach dem Abendessen ins Wohnzimmer zurück und sitzen dort herum. Natürlich könnten Sie auch ins Freie gehen und im Schnee spielen, aber Sie wissen so gut wie ich, dass dies für kleine Kinder ganz nett, für über Dreißigjährige aber etwas anstrengend ist. Außerdem gehörte es sich doch für ein richtiges Weihnachten nach altem Brauch, dass es nachmittags um drei zu schneien begann, der Himmel sich in ein heiteres Blei verfärbte und ein fröhlicher Sturmwind um die Ecken des Hauses pfiff.

Nein, Sie müssen einfach drinnen sitzen bleiben, vor einem Feuer, wenn Sie unbedingt wollen, aber ohne sonst etwas zu tun. Die Kinder sind übermüdet und gereizt. Opa ist schläfrig. Jemand versucht, ein Gespräch in Gang zu bringen, aber alle andern sind dermaßen vollgestopft mit Essen, dass sie die Kinnlade nicht weit genug hinabklappen können, um etwas zu artikulieren. So stellt sich heraus, dass die Familie die am lautesten tickende Uhr der Welt besitzt, und gegen vier Uhr nachmittags bricht diese ihren eigenen Rekord. Ein stenografisches Protokoll der Geschehnisse sieht wie folgt aus:

»Uuaah, bin ich schläfrig. Ich hätte nicht so viel essen dürfen.«

»Ticktack, Ticktack, Ticktack, Ticktack …«

»Kommt einem vor wie ein Sonntag, nicht wahr?«

»Seht mal, Opa ist eingeschlafen.«

»Junior, hör auf, Opa zu zwicken. Lass ihn schlafen!«

»Ticktack, Ticktack, Ticktack …«

»Junior, lass Opa in Ruhe! Sonst fliegst du nach oben!«

»Uuaah!«

»Ticktack, Ticktack, Ticktack …«

Lauter und lauter tickt die Uhr, bis etwas in Ihrem Hirn zerreißt, Sie mit einem Schrei in die Luft springen und nach der Landung ein Familienmitglied nach dem andern erdrosseln, inklusive den schlafenden Opa. Als Sie Ihr Ende nahen spüren, werden Sie schlagartig überflutet von einer Fülle von Erinnerungen an Wärme: die heiße U-Bahn am Sonntag unterwegs nach Coney Island, Ihre Reise nach Mexiko, die Stierkämpfe in Spanien …

Sie stürmen hinaus in die Schneewehen und stürzen sich in diese hinein, bis Sie erschöpft darniedersinken. Einzig die Tatsache, dass diese Geschichte hier endet, verhindert, dass Sie erfrieren und am nächsten Tag eine Todesanzeige erscheint, in der steht:

»Jäh von uns gegangen in East Russet, Vermont, dahingerafft durch ein Weihnachten nach altem Brauch.«

# Karl Valentin

## *Das Weihnachtsgeschenk*

HERR KURZ: Ja, guten Tag, Herr Lang! – Auch Einkäufe machen in der Stadt herin?

HERR LANG: Nein, Herr Kurz, nicht kaufen, sondern umtauschen will ich etwas.

HERR KURZ: So so, umtauschen? – Was denn?

HERR LANG: Meine Frau hat mir zum zerflossenen Weihnachten einen Dings gekauft – einen – no, wie sagt man denn gleich, einen – mein Gott, bin ich vergesslich! – Was hab' ich jetzt grad g'sagt?

HERR KURZ: Dass Sie so vergesslich sind.

HERR LANG: Ja, ja, stimmt, das hab' ich schon wieder vergessen! – Ja, meine Frau hat mir zum vergossenen – verschlossenen – ah, verflossenen Christkind ein schönes Präsident gemacht.

HERR KURZ: Präsent meinen Sie!

HERR LANG: Ja, ja! – Einen wunderschönen – no, wie heißt man denn dös gleich, was ich bekommen hab!

HERR KURZ: Einen Regenschirm?

HERR LANG: Ach Regenschirm – am Weihnachtstag hat es doch voriges Jahr nicht geregnet! – Nein, so einen Dings hat mir meine Frau gekauft, so einen –

HERR KURZ: Strohhut?

HERR LANG: Geh – auf Weihnachten! – Was war denn nur das, was mir meine Frau gekauft hat!?

HERR KURZ: Ein Kind?

HERR LANG: Geh, Herr Kurz – a Kind braucht mir doch

meine Frau nicht kaufen, dös können wir uns doch selber, machen's doch keine so dummen Witz – a Kind könnt i doch auch net umtauschen.

HERR KURZ: Was wollen's denn eigentlich umtauschen?

LANG: Wenn's mir net einfallt, wie's heißt. Und wenn ich's wüsste, könnt' ich's auch net umtauschen.

KURZ: Warum nicht?

LANG: Weil ich's zu Hause liegen lassen hab.

KURZ: Was haben's zu Haus liegen lassen?

LANG: Eben das, was ich momentan nicht nennen kann! – Mir liegt's auf der Zunge – man braucht so Platten dazu.

KURZ: Ach – ein Grammophon!

LANG: Ach, a Grammophon ist ja ein Musikinstrument und ist doch nicht alltäglich; das, was ich von meiner Frau kriegt hab, ist ja alltäglich und fast viereckig.

KURZ: Viereckig? – A Packl Kunsthonig?

LANG: Geh, reden's doch keinen Mist – hat denn a Kunsthonig drei Füß'?

KURZ: Was, drei Füß hat er? – *Zwei* wird er halt hab'n!

LANG: Mit zwei fällt er doch um.

KURZ: Ja, Sie fallen doch auch net um und hab'n bloß zwei Füß.

LANG: Ja, i – i bin ja a koa Fotografenapparat – Fotografenapparat – jetzt is mir's eing'fallen! – An Fotoapparat hab i zum Christkindl kriegt. – Ja Herr Kurz, denken Sie sich, einen Fotoapparat hat mir meine Frau zum Weihnachtsfest g'schenkt.

KURZ: Und hab'n Sie schon fleißig fotografiert?

LANG: Fleißig schon – aber ich bring nichts fertig. Fotografieren ist furchtbar schwer, fotografiert werden ist sehr leicht. 100 Mal hab' ich mich selbst schon fotografieren wollen!

KURZ: Sie sich selbst? Ja, wie machen Sie denn das?

LANG: Sehr einfach! Ich stell mich vor unsern Spiegel-schrank – aber immer kommt der Apparat mit aufs Bild – da hab ich mich schon was geärgert! Seit Weihnachten apparate ich – fotografiere ich mit dem Apparat – kein Bild ist mir noch gelungen!

KURZ: Das ist gelungen!

LANG: Nein, ist mir noch nicht gelungen! Ich glaub, das liegt an der Witterung. Herr Kurz, vor kurzem hab ich eine schöne Naturaufnahme gemacht: die Mittagssonne. Ich habe 10 Sekunden belichtet, und gar nix war auf der Platte drauf, nicht einmal der Mond.

KURZ: Sie müssten Landschaften fotografieren!

LANG: Hab ich auch schon probiert. Bin ich eigens bis nach da und da hin gefahren und hab einen waagrecht daliegenden See fotografiert – nix war's! Hab ich bei der Aufnahme vergessen, dass ich den kleinen runden Deckel von dem Obelisk – nicht Obelisk – ah, no wie heißt denn das kleine runde Vergrößerungsglas vorn – Erbse – Linse –, nein, mit O geht's an! …

KURZ: Oktoberfest …

LANG: Schmarrn! Am Fotoapparat kann doch net vorn ein Oktoberfest sein!

KURZ: Ah – das Objekhoch –

LANG: Nein – Objek*tiv* heißt's! –

KURZ: Haben Sie eigentlich eine Dunkelkammer auch?

LANG: Selbstverständlich! Unsere Toilette hab ich als Dun-kelkammer eingerichtet. Da stinkt's oft drin von diesen Chemikalien, Entwickler etc. etc. – Eine rote Laterne hab ich auch drin; eing'richt' bin ich wie eine Hebamme.

KURZ: Wie wär's, Herr Lang, wenn Sie amal ein schönes Familienbild machen würden? Ich, meine Frau und mein Kind?

LANG: Um Gottes willen! Nein! Nie mehr! Hab ich schon

mal gemacht – die Familie Wubbeppler in unserem Haus – die ganze Familie – neun Personen und 's Dienstmädchen – alle haben's ihr Sonntagsgwand anzog'n. Im Hof drunt hab ich alle in acht verschiedenen Stellungen fotografiert, sitzend, stehend, von der Seiten usw. Ich hab 's Platten wechseln vergessen – alle acht Aufnahmen auf einer Platte! – Ich hab einen Abzug davon g'macht, es war schrecklich! Der Vater hängt in der Mutter drin – der Sohn sitzt dem Wickelkind im G'sicht drinna – die Großmutter hat den Kopf vom Dienstmädl auf – d'Füaß vom Dienstmädchen hat der älteste Sohn auf'm Arm lieg'n – die kleine Else hat drei Nasen im Gesicht, und der Großvater hat Kindsfüaß!!! –

# Salomo Friedlaender

## *Das Weihnachtsfest des alten Schauspielers Nesselgrün*

Am 21. August 1910 wurde der bejahrte Schauspieler Giselher Nesselgrün so sentimental, wie er es sonst nur an Weihnachten war, und mit einer von der Theatromanie begünstigten Einbildungskraft versetzte er sich in eine so festliche Stimmung, dass er beim Gärtner ein Tannenbäumchen erstand und alles irgend Nötige zur Ausschmückung und gehörigen Bescherung einkaufte. »Das ist doch geradezu lächerlich«, knurrte er, »die Feste zu feiern, wie sie fallen! Die Natur ist nur eine Art unbequemes Theater mit unübersehbarer Regie – ach! und mit lumpiger Gage. Corrigeons la nature!«

»Gegen Abend entzündete Nesselgrün die ganze Pracht, sein Phonograph ließ einen herrlichen Choral ertönen. Der alte Herr schellte, seine Wirtin kam und geriet über das Ungewöhnliche in einige Besorgnis.

»Ihre Kinderchen, bitte!«, rief der alte Herr.

»Ja, aber Herr Nesselgrün, mit Weihnachten hat es doch noch Zeit – fühlen Sie sich wohl?«

»Ich danke, Frau Julke; also, bitte, die Kinder!«

Die Kinder erschienen, von Frau Julke ängstlich behütet, zwei Buben und noch ein ganz kleines Mädchen. Sie brachen in ein grässliches Hallo aus, als im Moment ein kleines Tischfeuerwerk losprasselte und abbrannte. Frau Julke seufzte und fuhr mit der Hand nach dem Herzen. Dann sagte sie:

»Mir freut es gewiss, Herr Nesselgrün, wenn Sie meine Kinders so 'ne Überraschung machen – das muss ich Sie aber doch sagen: so alt als ich geworden bin.«

»Julke!«, unterbrach sie der alte Herr streng, »Sie verstehen nichts von Regie, und Ihr Kaffee schmeckt wie Langeweile mit Ekel drin – jehn Sie hinter die Kulisse, das rate ich Ihnen!«

Die Kinder weinten, Frau Julke riss sie aus dem Zimmer und schlug die Tür hinter sich zu. »Eine schlimme Weihnacht«, brummte Giselher. Er sah aus dem Fenster, weil es ihm unten nicht geheuer schien. Eine Menge Menschen starrten zu ihm hinauf, unter ihnen stand Frau Julke, gestikulierte stark und hielt eine Rede. Die Leute lachten und johlten. Giselher stellte den Phonographen ins Fenster. »Stille Nacht, heilige Nacht«, ertönte es in den Lärm hinein. Die Leute führten jetzt vor Vergnügen wahre Veitstänze auf. Nesselgrün wurde wütend: »Das Spiel ist vortrefflich«, schrie er hinunter, »die Regie bewährt sich vollkommen. Dass das Publikum aus der Rolle fällt und den dürftigen prosaischen Umstand, dass heute außerhalb unseres Spiels Ende August ist, nicht vergisst«, – mit eins entstand unten tiefe Stille, alles hielt den Atem an, unwillkürlich gefesselt – »dass das Publikum«, fuhr Nesselgrün ingrimmig fort, »nicht so viel Illusionskraft hat, sich im Sommer den Winter vorzustellen, kommt mir bedenklich vor. Es ist ein Mangel an künstlerischer Kraft. Müsst ihr immer erst ins Theater gehen, Leute, oder auf Traum und Fastnacht, auf Rausch und Irrsinn warten, ehe ihr so kühn werdet, die Natur zu dirigieren? Ist nicht Weihnachten ein so schönes, erquickliches Fest, dass man es mindestens einmal in jedem Monat feiern sollte? Glaubt mir altem, ausgedienten Manne!«

Damit schleuderte er Konfetti und künstlichen Schnee

auf die Straße, und in einem Nu steckte er das kindliche Volk mit seiner Begeisterung an. Die allezeit zu Scherz, Fest und Freude aufgelegte Jugend riss die Eltern mit sich fort. Alle Gärtnerläden wurden geplündert. Bald flammten Lichtbäume an allen Fenstern; man sang heilige Lieder. Der kleine Ort war die ganze Nacht hindurch voller Fröhlichkeit.

»Es ist der schönste Erfolg, den jemals ein Schauspieler errungen hat!«, seufzte Nesselgrün. »Da leben sie nun, ganz in meine Illusion gehüllt. Ach! aber wer andere hineinversetzen will, darf selber nicht darin sein.« Er zog seinen Schlafrock eng um seine alten Glieder.

»Frau Julke!«, brüllte er.

Die Frau steckte ihre Nase durch die Tür. »Welches Datum haben wir heute?«

»Außerhalb oder sonstwo?«, replizierte die Julke.

Nesselgrün lachte: »Sehen Sie, Frau Julke«, belehrte er sie, »dem Theater gegenüber muss man vorsichtig sein. Wäre die Regie noch besser gewesen, dann hätte es heute auch außerhalb geschneit.«

»Oh, du mein Gott«, jammerte die Julke, »Sie machen alle Welt verrückt. Einen vons Theater nehme ich nie wieder!«

# Jan Weiler

## *Der Nikolaus war da!*

Ich habe meine Pflicht getan und Ulrich Dattelmanns Punsch ausgetrunken. Ich habe meine Pflicht und Schuldigkeit getan, ich bin von weiteren Diensten befreit. Habe ich jedenfalls gedacht. Doch nachdem ich ausgenüchtert bin und mehrere Tage lang feste Nahrung zu mir genommen habe, konfrontiert mich Sara morgens mit der Nachricht, dass ich als Nikolaus auftreten müsse. In Nicks Klasse. Höchstwahrscheinlich war das sogar ihre Idee. Bestimmt hat sie mich vorgeschlagen, den Nikolaus in der Schule zu machen. Kann mir genau vorstellen, wie das gelaufen ist.

Sie sitzt einmal im Monat mit Mütterkolleginnen zusammen, und sie erörtern wichtige Fragen der Kindererziehung und vor allen Dingen medizinische Themen. Sie diskutieren zum Beispiel stundenlang darüber, ob Kinder Sand essen sollen. Einige halten das für gefährlich, weil man nicht weiß, »was in Sand so drin ist«, außer Sand. Und die anderen finden, Sand reinige den Magen.

Ich kann mich daran erinnern, dass ich als Jugendlicher auf einem Campingplatz in Südfrankreich auch Töpfe und Pfannen mit Sand geschrubbt habe, aber ich weiß nicht, ob Kindermägen auch aus Gusseisen oder Edelstahl sind und ob sie eine Antihaftbeschichtung haben, die man nicht verkratzen darf. Und weil ich nicht mitreden kann, komme ich nie mit zu Sitzungen der Schulpflegschaft, wo auch darüber gesprochen wird, wo bei den Kids die

Grenze zwischen »lebhaft« und »asozial« verläuft – und wer von den männlichen Erziehungsberechtigten als Bischof am besten geeignet wäre. Meine zauberhafte Frau hat dazu vermutlich gesagt: »Das kann ruhig mal mein Mann machen, der macht ja sonst nix.«

Sie kam nach Hause, und ich fragte: »Na, wie war es in der Neigungsgruppe Männerhass?«

Sie antwortete: »Gut, wir haben einstimmig beschlossen, dass du dieses Jahr der Nikolaus bist.«

»Was heißt einstimmig? Ich bin dagegen!«

»Aber du warst nicht da.«

»Barack Obama war auch nicht da. Müsste der das jetzt machen, wenn ihr ihn gewählt hättet?«

»Du wirst doch wohl einmal im Jahr den Nikolaus machen können.«

»Ich habe gerade erst Dattelmanns grauenhaften Punsch ausgeschenkt.«

»Eigentlich hast du ihn vor allem ausgetrunken.«

»Egal, ich habe meine Pflicht erfüllt.«

»Das Kostüm gibt es im Büro. Du musst es mittags abholen und dann pünktlich um 17 Uhr ans Fenster klopfen. Der Sack mit den Geschenken steht neben der Papiertonne. Und das Buch auch.«

Das kannte ich schon: Die Eltern beklebten je eine Seite in dem großen Buch mit einer Art Zeugnis für ihr Kind. Meistens stand drin, dass der Korbi sein Zimmer schon ganz toll aufräume, jedoch bitte schön den Kopf seiner kleinen Schwester zukünftig nicht mehr im Klosett untertauchen möge. Als Nikolaus hatte ich dies mahnend vorzutragen und dann dem zauberhaften Korbi das für ihn vorgesehene Geschenk zu überreichen. Die Päckchen im Sack waren mit Namensschildern versehen. In Nicks Klasse gab es zwanzig Kinder.

Um halb fünf zog ich mich um. Griechische Bischofs-montur, total stilecht. Allerdings roch der Bart ziemlich streng. Der Hund erkannte mich nicht und biss bellend in mein Gewand. Ich nahm dies als Kompliment für meine Verkleidungskunst, die ich mit einer ausrangierten Brille krönte. Die Gläser waren entschieden viel zu schwach. Dann setzte ich mich ins Auto. Ich parkte hinter der Schule, holte mir Sack und Buch und klopfte mit dem Bischofsstab ans Fenster. Ich brummte: »Ho! Ho! Hooo!« Eine Referendarin öffnete das Fenster und rief verzückt: »Nun guckt mal, wer da ist!« Und zu mir sagte sie leise: »Bitte nicht Ho-hohooo. Das ist Amischeiße. Wir sagen ›Hallo, Kinder, lasst mich ein, ich will so gerne bei euch sein‹. Okay?« Dann öffnete sie die Tür, ich kam hineinge-stolpert (der Umhang, die Tür, der Sack) und rief: »Hallo. Lasst mich rein, Kinder, lasst mich rein, damit ich bei euch sein kann.«

»Das reimt sich gar nicht«, rief ein kleiner Klugscheißer, den ich rasch als die Pest aus dem Haus gegenüber identi-fizierte. Seine Eltern waren genauso schlimm wie er, bloß älter. Und hässlicher.

Ich setzte mich auf einen kleinen Stuhl. Mir war warm. Ich wollte nach Hause. Nachdem ich dreimal tief ein- und ausgeatmet hatte, machte ich mir ein Bild von meinem Publikum. Zwanzig Kinder, drei Lehrerinnen. Der Duft von Früchtetee. Mein Sohn Nick saß in der ersten Reihe und hatte vor Aufregung knallrote Wangen, soweit ich das mit der uralten Brille erkennen konnte. Ich wollte gerade anfangen mit dem Buch, als die kleine Claire anfing zu weinen.

»Was'n los?«, fragte ich. »Ich habe doch noch gar nicht angefangen!?«

»Du bist so gruselig«, rief Claire, und das tat mir leid.

Und außerdem stimmte es gar nicht. Ich glaube eher, da ist irgendwas zu Hause in der Familie nicht in Ordnung. Da muss man mal mit dem Jugendamt hin. Meine Meinung. Egal.

»Dann wollen wir mal sehen«, brummte ich nikolausig. »Wer von euch ist denn nun der Finn?«

Ein kleiner blonder Bursche hob die Hand.

»Eine Frage«, sagte Finn.

»Schieß los«, sagte ich jovial.

»Wo ist eigentlich dein Krampus?«

Der Krampus ist eine Art teuflisches Zottelwesen und gehört zum süddeutschen Nikolaus-Brauchtum. Er sieht aus wie die Morlocks in dem Film Die Zeitmaschine. Häufig taucht er im Rudel auf und soll die unartigen Kinder erschrecken. In anderen Gegenden Deutschlands gibt es den Knecht Ruprecht. Er verhält sich zum Nikolaus in etwa wie Alexander Dobrindt zu Horst Seehofer.

»Ich brauche keinen Krampus«, sagte ich beleidigt.

»Wenn du keinen Krampus hast, dann bist du gar nicht richtig.«

»Hast du eine Ahnung. Wenn du nicht still bist, fresse ich dich vor den Augen deiner Kumpels einfach auf. So! Happs!«

Sofort fing Claire wieder an zu heulen. Aber darauf konnte ich keine Rücksicht mehr nehmen. Zeit ist Geld. Auch ein Nikolaus muss effizient arbeiten.

»So. Finn. Hier lese ich, dass du schon ganz toll deinen Teller aufräumst und gerne mit dem Hund spazieren gehst. Das ist ja schön.«

»Woher weißt du das?«

»Das steht hier.«

»Und wer hat das da reingeschrieben?«

»Ist doch egal«, brummte ich.

Ich wollte die Sache nun endlich hinter mich bringen. Ich sagte: »Du musst aber auch dein Zimmer aufräumen. Okay? Nun bekommst du ein Päckchen aus dem Säckchen, und du darfst es erst öffnen, wenn ich weg bin. Ihr müsst alle warten, bis jeder eines hat.«

Dazu hatte mir Sara geraten. Ansonsten würde die Aufmerksamkeit zu schnell nachlassen. Und dann kam mir eine teuflische Idee: Ich griff in den Sack, nahm ein Geschenk heraus und entfernte rasch das Namensschildchen darauf. Finn erhielt also nicht sein Päckchen, sondern: irgendein Päckchen. Hähähä. Nikolausens Rache.

Ich machte weiter. Jedes Kind schimpfte ich zunächst milde und bescherte es dann mit einem Päcklein. Schließlich erhob ich mich ächzend, teilte der Truppe mit, dass ich einen schweren Bandscheibenvorfall hätte, leider gesetzlich versichert sei und nun nach Hause müsse, um dort eine schöne Kindersuppe zu kochen, was Claire dazu veranlasste, aufzukreischen und in den Schoß der Klassenlehrerin zu flüchten. Dann ging ich, mit dem Bischofsstab winkend. Im Hinausgehen hörte ich noch, wie der Erste rief: »Hee, was soll ich denn mit dem Mädchenkram hier?«

Dann war ich weg. Sara holte unseren Nick eine Stunde später ab. Er war ganz zufrieden mit seinem rosa Spiegelchen, obwohl Sara ihm eigentlich eine Playmobilfigur gekauft hatte.

Am nächsten Tag brachte ich Nick in die Schule, und seine Lehrerin bedankte sich herzlich bei mir für die wunderbare Idee, die Kinder zur Kommunikation und zum Tauschen angeleitet zu haben. Das sei pädagogisch unheimlich wertvoll gewesen, und sie habe mir diesen Weitblick gar nicht zugetraut. Mist. Jetzt muss ich jedes Jahr ran.

# Hans Fallada

## *Der gestohlene Weihnachtsbaum*

Ein wesentlicher Unterschied zwischen Kindern und Erwachsenen ist der, dass die Großen ungefähr wissen, was sie vom Leben zu erwarten haben, die Kinder aber erhoffen noch das Unmögliche. Und manchmal behalten sie damit sogar recht.

Seit Mitte Dezember der erste Schnee gefallen war, dachte Herr Rogge wieder an den Weihnachtsbaum und die alljährlich wiederkehrenden endlosen Schwierigkeiten, bis er ihn haben würde. Die Kinder aber nahmen allmorgendlich ihre kleinen Schlitten und zogen in den Wald, den Weihnachtsmann zu treffen. Natürlich war es einfach lächerlich, dass es in diesem Lande mit Wald über Wald keine Weihnachtsbäume geben sollte. Überall standen sie, sie wuchsen einem gewissermaßen in Haus, Hof und Garten, aber sie gehörten nicht Herrn Rogge, sondern der Forstverwaltung. Der alte Förster Kniebusch aber, mit dem Herr Rogge sich übrigens verzankt hatte, verkaufte schon längst keine Baumscheine mehr.

»Wozu denn?«, fragte er. »Es kauft ja doch keiner einen. Und wenn sie sich ihren Baum lieber ›so‹ besorgen, habe ich doch den Spaß, sie zu erwischen, und ein Taler Strafe für einen Baum, den ich ihnen aus den Händen und mir ins Haus trage, freut mich mehr als sechs Fünfziger für sechs Baumscheine.«

So würde also Herr Rogge sich entweder den Baum »so« besorgen müssen – was er nicht tat, denn erstens stahl er nicht und zweitens gönnte er Kniebusch nicht die Freude –, oder er würde achtzehn Kilometer in die Kreisstadt auf den Weihnachtsmarkt fahren müssen zur Besorgung eines Baumes, der ihm vor der Nase wuchs – und das tat er erst recht nicht, und den Spaß gönnte er Kniebuschen erst recht nicht. Blieb also nur die unmögliche Hoffnung auf den Weihnachtsmann und seine Wunder, die die Kinder hatten.

Gleich hinter dem Dorf ging es bergab, einen Hohlweg hinunter, in den Wald hinein. Manchmal kamen die Kinder hier nicht weiter, über dem schönen sausenden Gleiten vergaßen sie den Weihnachtsmann und liefen immer wieder bergan. Heute aber sprach Thomas zum Schwesterchen: »Nein, es sind nur noch drei Tage bis Weihnachten, und du weißt, Vater hat noch keinen Baum. Wir wollen sehen, dass wir den Weihnachtsmann treffen. «

So ließen sie das Schlitteln und traten in den Wald. Was der Thomas aber nicht einmal dem Schwesterchen erzählte, war, dass er Vaters Taschenmesser in der Joppe hatte. Mit sieben Jahren werden die Kinder schon groß und fangen an, nach Art der Großen ihren Hoffnungen eine handfeste Unterlage zu verschaffen. –

Der alte Kakeldütt war das, was man früher ein »Subjekt« nannte, wahrscheinlich weil er so oft das Objekt behördlicher Fürsorge war. Aus dem mickrigen Leib wuchs ihm ein dürrer, faltiger, langer Hals, auf dem ein vertrocknetes Häuptlein wie ein Vogelkopf nickte. Wenn der Herr Landjäger sagte: »Na, Kakeldütt, denn komm mal wieder mit! Du wirst ja wohl auch allmählich alt, dass du vor den sehenden Augen von Frau Pastern ihre beste Leghenne unter deine Jacke steckst«, dann krächzte Kakeldütt schauerlich und klagte beweglich: »Ein armer Mensch soll es wohl nie zu was bringen, was? Die Pastern hat ‚ne Pieke auf mich, wie? Und Sie haben auch ‚ne Pieke auf mich, Herr Landjäger, wie? Natürlich in allen Ehren und ohne Beamtenbeleidigung, was?« Und bei jedem Wie und Was ruckte er heftig mit dem Häuptlein, als sei er ein alter Vogel und wolle hacken. Aber er wollte nicht hacken, er ging ganz folgsam und auch gar nicht unzufrieden mit.

Wir aber als Erzähler denken, wir haben unsere Truppen nun gut in Stellung gebracht und die Schlacht gehörig vorbereitet: Hier den alten Förster Kniebusch, der gern Tannenbaumdiebe fängt. Dort den Vater Rogge, in Verlegenheit um einen Baum. Ziemlich versteckt das anrüchige Subjekt Kakeldütt mit großer Findigkeit für fragwürdigen Broterwerb und als leichte Truppen, die das Gefecht eröffnen, Thomas mit dem Schwesterchen, ziemlich gläubig noch, aber immerhin mit einem nicht einwandfrei erworbenen Messer in der Tasche. Im Hintergrund aber die irdische Gerechtigkeit in Gestalt des Landjägers und die himmlische, vertreten durch den Weihnachtsmann.

Alle an ihren Plätzen? Also los!

Das Erste, was man durch den dick mit Schnee gepolsterten, stillen Wald hört, ist: ritze-ratze, ritze-ratze … Kakeldütt, erfahrener auf dunklen Pfaden als der siebenjährige Thomas, weiß, dass ein Tannenbaum sich schlecht mit einem Messer, gut mit einer Säge von den angestammten Wurzeln lösen lässt.

Herr Rogge, in Zwiespalt mit sich, greift nach Pelzkappe und Handstock: Hat man keinen Tannenbaum, kann man sich doch welche im Walde beschauen. Kniebusch stopft seine Pfeife mit Förstertabak, ruft den Plischi und geht gegen Jagen elf zu, wo die Forstarbeiter Buchen schlagen. Die Kinder haben unter einem Ginsterbusch im Schnee ein Hasenlager gefunden, hinten ist es zart gelblich gefärbt.

»Osterhas Piesch gemacht!«, jauchzt Schwesterchen.

Die alte gichtige Brommen aber hat schon zwanzig Pfennig für den Kakeldütt, der ihr weißwohlwas besorgen soll, bereitgelegt. Ritze-ratze ... Ritze-ratze ...

Förster Kniebusch – die akustischen Verhältnisse in einem Walde sind unübersichtlich –, Förster Kniebusch ruft leise den Hund und windet. »I du schwarzes Hasenklein! War das nun drüben oder hinten –? Warte, warte ...«

Ritze-ratze ...

Thomas und das Schwesterchen horchen auch. Schnarcht der Weihnachtsmann wie Vater –? Hat er Zeit, jetzt zu schnarchen –?! Friert er nicht –? Erfriert er gar – und ade der bunte Tisch unter der lichterleuchtenden Tanne?!

Ritze-ratze ...

Herr Rogge hat die Fußspuren seiner Kinder gefunden und vergnügt sich damit, ihre Spuren im Schnee nachzutreten, mal Schwesterchens, mal Brüderchens. Auch er findet das Hasenlager, auch er spitzt die Ohren. Thomas wird doch keine Dummheiten machen?, denkt er. Ich hätte doch in die Stadt fahren sollen.

»Ach nee, ach nee«, stöhnt ganz verdattert Kakeldütt, wackelt mit dem Vogelkopf und starrt auf die Kinder. »Wer seid denn ihr? Ihr seid wohl Rogges –?«

»Das ist der Weihnachtsbaum«, sagt Thomas ernst und betrachtet die kleine Tanne, die mit ihren dunklen Nadeln still im Schnee liegt.

»Weihnachtsbaum – Weihnachtsmann«, brabbelt Schwesterchen und sieht den ollen Kakeldütt zweifelnd an. Ist das ein echter Weihnachtsmann? Enttäuschung, Enttäuschung – ins Leben wachsen heißt ärmer werden an Träumen.

»Ich hab ,nen Baumschein vom Förster, du Roggejunge«, verteidigt sich Kakeldütt ganz unnötig.

»Hilfst du mir auch bei unserer Tanne?«, fragt Thomas und greift in die Joppentasche. »Ich hab ein Messer.«

In Kakeldütts Hirn erglimmen Lichter. Rogges haben Geld. Sie zahlen nicht nur zwanzig, sie zahlen fünfzig Pfennig für einen Weihnachtsbaum. Sie zahlen eine Mark, wenn Kakeldütt den Mund hält. »Natürlich, Söhning«, krächzt er und greift wieder zur Säge. »Nehmen wir gleich den –?«

Herr Rogge auf der einen, Förster Kniebusch auf der andern Seite den Tannen enttauchend, sehen nur noch Thomas und Schwesterchen. Keinen Kakeldütt.

»Thomas!«, ruft Herr Rogge drohend.

»Rogge!«, ruft Kniebusch triumphierend.

»Nanu!«, wundert sich Thomas und starrt auf die Äste, die sich noch leise vom weggeschlichenen Kakeldütt bewegen.

Der Sachverhalt aber ist klar: ein abgeschnittener Baum, ein Junge mit einem Messer in der Hand …

»Ich freue mich, Rogge«, sagt Kniebusch und freut sich ganz unverhohlen. »Stille biste, Plischi!«, kommandiert er dem Hund, der in die Schonung zieht und jault.

»Du glaubst doch nicht etwa, Kniebusch?«, ruft Rogge empört. »Thomas, was hast du getan?! Was machst du mit dem Messer?«

»Deinem Messer, Rogge«, grinst Kniebusch.

»Hier war ‚n Mann«, sagt Thomas unerschütterlich. »Wo ist der Mann hin?«

»Weihnachtsmann«, kräht Schwesterchen.

Kinder zu erziehen ist nicht leicht – Kinder vorm Antlitz triumphierender Feinde zu erziehen ist ausgesprochen schwer. »Komm einmal her, Thomas«, sagt Herr Rogge mit aller verhassten väterlichen Autorität. »Was machst du mit meinem Messer? Woher hast du mein Messer?« Er gerät unter dem Blick des andern in Hitze. »Wie kommt die Tanne hierher? Wer hat dir gesagt, du sollst eine Tanne abschneiden?«

»Hier war ,n Mann«, sagt Thomas trotzig im Bewusstsein guten Gewissens. »Vater, wo ist der Mann hin?«

»Weihnachtsmann weg!«, kräht Schwesterchen.

»Sollst du lügen, Tom?«, fragt Herr Rogge zornig.

»Ekelhaft ist so was! Komm, sage ich dir …« Und mit aller väterlichen Konsequenz eilt er mit erhobener Hand auf den Sohn zu. Ausgerechnet angesichts von Kniebusch als Waldfrevler erwischt! Nichts mehr scheint eine väterliche Tracht Prügel abwenden zu können.

»Halt mal, Rogge!«, sagt Förster Kniebusch mit erhobener Stimme und zeigt mit dem Finger auf den frischen Baumstumpf. »Das ist gesägt und nicht geschnitten.«

Rogge starrt. »Wo hast du die Säge, Junge?«

»Hier war ,n Mann«, beharrt Thomas.

»Und recht hat der Junge, und du hast unrecht. Rogge«, freut sich der Kniebusch. »Da die Spuren – das sind nicht deine und nicht meine. – Und du hast überhaupt meistens und immer unrecht, Rogge. Damals, als wir uns verzürnt haben, hattest du auch unrecht. Fische können nicht hören! Du bist rechthaberisch, Rogge, und was war hier für ein Mann, Junge?«

»Ein Mann.«

»Und wenn ich dieses Mal unrecht hab, aber ich hab's nicht, denn wozu hat er das Messer? – Damals hatte ich doch recht. Und Fische können sehr wohl hören …«

»Unsinn – in den Kuscheln muss er noch stecken, Rogge! Los, Plischi, such, du guter Hund! Los, Rogge, den Kerl zu fassen soll mir zehn Weihnachtsbäume wert sein. Los, Junge, fass deine Schwester an, wenn du ihn siehst, schreist du!«

Und los geht die Jagd, immer durch die Tannen, wo sie am dicksten stehen.

»Weihnachtsmann!«, ruft Schwesterchen. Die Tannennadeln stechen, und der Schnee stäubt von den Zweigen in den Nacken.

»Also lassen wir es«, sagt nach einer Viertelstunde Förster Kniebusch missmutig. »Weg ist er. Wie in den Boden versunken. – Du kannst doch die Tanne brauchen, fünfzig Pfennig zahlst du, und so hat das Forstamt wenigstens was von dem Gejachter.«

Aber wo ist die Tanne? Dies ist der Platz, denn hier steht der Stumpf – aber wo ist die Tanne?

»I du schwarzes Hasenklein!«, sagt Förster Kniebusch verblüfft. »Der ist uns aber über, Rogge! Holt sich noch den Baum, während wir hier auf ihn jagen. Na, warte, Freundchen, wenn ich dir mal wieder begegne! Denn die Katze lässt das Mausen nicht, und einmal treffe ich sie alle ... Gib mir das Messer, Junge, damit ihr wenigstens nicht leer nach Hause geht. Ist der dir recht, Rogge? Schneidet sich elend schlecht mit ,nem Messer, das nächste Mal bringst du besser ,ne Säge mit, Junge, weißt du, einen Fuchsschwanz ...«

»Kniebusch –!«, schreit Herr Rogge förmlich. Aber auf diesen Streit der beiden brauchen wir uns nicht auch noch einzulassen, er ist schon alt und wird aller Wahrscheinlichkeit nach noch sehr viel älter werden.

Jedenfalls fasste Thomas auf dem Heimwege seine Meinung dahin zusammen: »Ich glaube, es war doch der Weihnachtsmann, Vater. Sonst hätt er doch nicht so verschwinden können, Vater! Wo der Hund mit war.«

»Möglich, möglich, Tom«, bestätigte Herr Rogge.

»Aber, Vater, klauen denn die Weihnachtsmänner Weihnachtsbäume?«

»Ach, Tom –!«, stöhnte Herr Rogge aus tiefstem Herzensgrunde – und war sich gar nicht im Klaren darüber, wie er diesen Wirrwarr in seines Sohnes Herzen entwirren sollte. Aber schließlich war in drei Tagen Weihnachten. Und vor einem strahlenden Tannenbaum und einem bunten Bescherungstisch werden alle Zweifel stumm und alle Kinderherzen gläubig.

# Martin Suter

## *Weihnachten ignorieren*

Der Weihnachtsstress ist der einzige Stress, dem Bruno Strahl mit Erfolg entflieht. Seit Lara vierzehn und Remo dreizehn sind, mieten Strahls über Weihnachten eine Wohnung in den Bergen. Keine Verwandten, keine Verpflichtungen, keine Geschenke, alles völlig relaxed. Eine der wenigen familiären Leistungen, auf die Strahl etwas stolz ist. Obwohl er dazu nicht mehr beigetragen hat als sein Einverständnis. Die Idee stammt von Doris, die auch die Motivationsarbeit bei den Kindern geleistet und die Ferienwohnung gefunden hat.

Diesmal hat sich Strahl ganz besonders gefreut auf die stressfreien Tage in den Bergen. Ein langes Jahr voller kleiner Krisen und Beinahe-Katastrophen hat ihm zugesetzt, und die Vorzeichen für das nächste sind auch nicht gerade beruhigend. Er hat mit stiller Befriedigung die Schneeberichte verfolgt, die ihn auf ein absolutes Minimum an Wintersportaktivitäten hoffen lassen. Er wird ausschlafen, bis ihn die Langeweile aus den Federn treibt.

Am Freitagabend reisen sie an, am Samstag rich ten sie sich ein. Kurz vor Ladenschluss machen Doris und er die Einkäufe für das Wochenende. Auf dem Heimweg legen sie einen Zwischenhalt in der ›Steinbock‹-Bar ein, Cüpli-Time.

Das hätten sie lieber bleibenlassen. Denn kaum haben sie das zweite bestellt, knallt jemand den klobigen Anhänger seines Zimmerschlüssels neben Strahl auf den Tresen und sagt: »Das gibt's doch nicht!« Der Mann ist knapp fünfzig, trägt einen hellblauen, hautengen Rollkragenpullover mit Reißverschluss, hautenge Langlaufhosen mit Hosenträgern, heißt Hedlinger und ist Siblers rechte Hand. Es stellt sich heraus, dass er hier im ›Steinbock‹ wohnt und auf seine Frau wartet, die kurz darauf auftaucht, etwas dicker als ihr Mann, aber ähnlich sportlich gekleidet.

Als sie sich eine Stunde später verabschieden, hat Hedlinger die Cüpli bezahlt und sich für den Weihnachtstag zu einem Apéro eingeladen. »Gesegnete, frohe Weihnachten«, gibt er Strahls mit auf den Weg.

»Wo bekommen wir jetzt einen Christbaum her?«, fragt Strahl, kaum außer Hörweite. »Jetzt ist doch alles zu bis Dienstag.«

Doris lacht, bis sie merkt, dass es ihm ernst ist. »Wenn Hedlinger mitbekommt, dass wir Weihnachten nicht feiern, kann ich den Marketingdirektor vergessen«, behauptet er.

»Was hat denn das eine mit dem anderen zu tun?«

»Er wird mich bei Sibler als Konsumverweigerer anschwärzen. Kein ernstzunehmender Konsumgüterhersteller befördert einen Konsumverweigerer zum Marketingdirektor.«

»Jemand, der in seiner Ferienwohnung keinen Christbaum hat, ist doch noch lange kein Konsumverweigerer«, wendet Doris ein. Aber schließlich begnügt sie sich damit, ihren Mann auf »etwas mit Tannenreis« herunterzuhandeln. Er könne ja die Tanne hinter dem Ferienchalet um zwei, drei Äste erleichtern.

Und während sie noch überlegen, wo sie den Christbaumschmuck hernehmen sollen, kommen sie an der Drogerie Caviezel vorbei. Vor der steht der meistfotografierte Christbaum des Dorfes.

Strahl schleicht sich kurz nach Mitternacht zur Drogerie. Er pflückt sich ein paar Kugeln, Girlanden, zwei Trompetenengelchen und ein Büschel Engelshaar von den reich geschmückten Ästen und wird dabei von den Dorfpolizisten Capeder und Danuser erwischt. Capeder, dessen Schwester unglücklicherweise die Frau von Caviezel ist, die ihren ganzen künstlerischen Ehrgeiz auf die jährliche Schmückung des Baums verwendet, ist nicht bereit, den Fall als Kavaliersdelikt eines beschwipsten

Kurgastes abzutun. Er besteht auf einer vorläufigen Festnahme zur Überprüfung der Personalien.

Strahl hat die Ferienwohnung ohne Reisepass verlassen, und Capeder ist nicht bereit, seine Kreditkarten als Ausweis zu akzeptieren. Einer, der Christbaumschmuck klaue, schrecke auch vor Kreditkarten-Diebstählen nicht zurück.

Strahl lässt sich zum Satz »Wenn die hiesige Polizei nichts Gescheiteres zu tun hat: bitte sehr!« hinreißen und wird – nachdem man ihm die persönlichen Effekten, Gürtel und Schuhbändel abgenommen hat – erst einmal eine Stunde in einem Arrestraum festgehalten. »Weil alle gerade etwas Gescheiteres zu tun haben«, wie sich der Gefreite Capeder ausdrückt.

Es folgen ein umständliches Verhör und die Weigerung Capeders, Strahl einen Anruf zu gestatten. Verdunkelungsgefahr.

Als man ihm endlich erlaubt, Doris anzurufen, weiß er die Nummer nicht. Man gestattet ihm, im Telefonbuch nachzusehen, aber er weiß den Namen der Vermieterin nicht, Doris hatte sich um alles gekümmert. Alles, was er weiß, ist der Name des Chalets: etwas mit G.

Auf Strahls Vorschlag, Capeder hinzuführen, geht dieser nicht ein. Nicht bevor er wisse, wen er vor sich habe. Auf den Einwand, dass sich seine Frau furchtbare Sorgen mache, meint der Gefreite, dann wundere er sich, dass sie sich noch nicht gemeldet habe. Ein Gedanke, der Strahl auch schon gekommen ist.

Erst morgens um halb vier wird Strahl auf freien Fuß gesetzt. Nachdem Capeder einen Zeugen aus dem Bett geholt hat, dessen Name und Telefonnummer er in Strahls Portemonnaie gefunden hatte. Dieser identifiziert ihn einwandfrei als Bruno Strahl. Beim Zeugen handelt es sich um Hedlinger, Siblers rechte Hand.

# Lucia Berlin

## *Noël. Texas. 1956*

Tiny ist auf'm Dach! Tiny ist auf'm Dach!«
Über nichts anderes können sie da unten reden. Na
und, ich bin auf dem Dach. Was sie nicht wissen, ist, dass
ich vielleicht nie mehr runterkomme.

Ich wollte nicht so dramatisch sein. Wäre einfach in
mein Zimmer gegangen und hätte die Tür hinter mir zu-
geknallt, aber meine Mutter war in meinem Zimmer. Also
knallte ich die Küchentür von draußen zu. Und da stand
eine Leiter, aufs Dach hinauf.

Ich warf mich hin, noch immer in heller Aufregung, und
nahm einige Schlucke aus meiner Flasche Jack Daniel's.
Also, ich verkünde, gedacht zu haben, dass es richtig nett
ist hier oben. Geschützt, aber mit einem Ausblick auf die
Weiden, den Rio Grande und Mount Cristo Rey. Wirklich angenehm. Besonders jetzt, nachdem Esther mich
mit einem Verlängerungskabel ausgerüstet hat. Ein Radio,
Heizdecke, Kreuzworträtsel. Sie schüttet meinen Nacht-
topf aus und bringt mir Essen und Bourbon. Ich werde
ganz bestimmt bis nach Weihnachten hier oben sein.

Weihnachten.

Tyler weiß, wie sehr ich Weihnachten hasse und verachte.
Er und Rex Kipp laufen jedes Jahr komplett Amok …
spenden für Wohltätigkeitsorganisationen, Spielzeug für
behinderte Kinder, Lebensmittel für Alte. Ich habe gehört,
wie sie den Plan ausheckten, an Heiligabend Spielzeug und
Lebensmittel über dem Elendsviertel von Juarez abzuwer-

fen. Jedwede Ausrede, um anzugeben, Geld auszugeben und sich wie zwei Riesenarschlöcher zu verhalten.

In diesem Jahr sagte Tyler, ich sollte mich auf eine große Überraschung gefasst machen. Eine Überraschung für *mich*? Es ist mir peinlich, das zuzugeben. Wissen Sie, ich habe mir doch tatsächlich vorgestellt, dass er mich auf die Bermudas oder nach Hawaii bringen würde. Nie im Traum wäre ich auf ein Familientreffen gekommen.

Schließlich gab er zu, er würde das eigentlich für Bella Lynn machen. Bella Lynn ist unsere total verzogene Tochter, die jetzt, nachdem ihr Mann Cletis sie verlassen hat, wieder zu Hause ist. »Sie ist so deprimiert«, sagt Tyler. »Sie braucht ein Gefühl für ihre Wurzeln.« Wurzeln? Lieber hätte ich Gila-Echsen in meiner Hutschachtel.

Erst einmal lädt er meine Mutter ein. Dann holt er sie auch noch aus dem Bluebonnet-Altersheim. Wo man sie festbindet, wo sie hingehört. Dann fragt er seinen einäugigen Alkoholikerbruder John und seine Alkoholikerschwester Mary, ob sie kommen. Okay, ich trinke. Jack Daniel's ist mein *Freund*. Aber ich habe immer noch meinen Sinn für Humor, bin nicht gemein wie Mary. Außerdem hegt sie inzestuöse Gefühle für Tyler, immer schon. Dann fragt er ihren langweiligen langweiligen Ehemann, der nicht gekommen ist, Gott sei Dank. Ihre Tochter Lou ist hier, mit einem Baby. Ihr Mann hat sie ebenfalls verlassen. Sie ist ungefähr so hirnlos wie meine Bella Lynn. Ach, na ja, in Nullkommanichts brennen sie beide mit irgendwelchen neuen ungebildeten Außenseitern durch.

Tyler hat wirklich achtzig Leute zu einer Heiligabendparty eingeladen. Das ist morgen. Und ausgerechnet jetzt stiehlt unser neues Dienstmädchen Lupe die Tranchiermesser mit Elfenbeingriffen. Sie hat sie in ihrem Mieder versteckt und sich aus irgendeinem bekloppten Grund nach vorn gebeugt, als sie über die Brücke nach Juarez lief. Sich selbst erdolcht, wäre fast verblutet, und am Ende hieß es, Tylers Schuld. Er musste den Krankenwagen und das Krankenhaus bezahlen und eine riesige überfällige Ordnungsstrafe, weil sie eine illegale Mexikanerin war. Und natürlich haben sie das mit den illegalen mexikanischen Gärtnern und Wäscherinnen herausgefunden. Also gibt's jetzt überhaupt keine Hilfe mehr. Nur die arme Esther und einige stundenweise angestellte Fremde. Diebe.

Aber der schlimmste schlimmste Gipfel von allem ist, dass er meine Verwandten aus Longview und Sweetwater eingeladen hat. Schreckliche Leute. Sie sind alle sehr dünn oder übertrieben fett und tun nichts außer essen. Alle sehen so aus, als hätten sie schwere Zeiten durchgemacht. Dürren. Tornados. Die Sache ist die, dass das alles Leute sind, die ich nicht einmal kenne, nie kennen möchte. Wegen dieser Leute hab ich ihn geheiratet, damit ich sie nie wiedersehen muss.

Nicht, dass ich noch mehr Gründe brauche, um hier oben zu bleiben, aber es gibt noch einen. Hin und wieder kann ich jedes einzelne Wort hören, glockenrein, das Tyler und Rex unten in der Werkstatt gerade sagen.

Ich schäme mich, es zuzugeben, aber, zum Teufel, es ist die Wahrheit. Ich bin eifersüchtig auf Rex Kipp. Jetzt, wo ich weiß, dass Tyler mit dieser schäbigen kleinen Sekretärin schläft, die er beschäftigt, Kate. Na gut, I. M. S. E. Was so viel heißt wie, ist mir scheißegal. Hält ihn vom Schnaufen und Keuchen auf mir ab.

Aber Rex. Rex ist da, jahrein, jahraus. Wir haben die Hälfte unserer Flitterwochen in Cloudcroft verbracht, die andere Hälfte auf Rex' Farm. Diese beiden fischen und jagen und zocken zusammen und fliegen in Rex' Flugzeug wer weiß wohin überall. Was mich am allermeisten ärgert, ist, wie sie sich unterhalten, draußen in der Werkstatt, stundenlang. Was ich sagen will, ist, dass mich das tödlich verletzt hat. Worüber zum Henker reden diesen beide alten Knacker da draußen?

Tja, jetzt weiß ich's.

Rex: Hör mal, Tyler, das ist ein verdammt guter Whiskey.

Tyler: Jau. Verdammt gut.

Rex: Geht runter wie Muttermilch.

Tyler: Glatt wie Seide.

(Sie süffeln den Fusel ja erst seit etwa vierzig Jahren.)

Rex: Guck dir diese guten alten Wolken an ... prall und wogend.

Tyler: Jau.

Rex: Schätze, das sind meine liebsten Wolken. Kumulus. Voller Regen für mein Vieh und hübsch wie sonst was.

Tyler: Nicht für mich. Nicht meine liebsten.

Rex: Wieso nicht?

Tyler: Zu viel Unruhe.

Rex: Das ist das Schöne dran, Ty, die Unruhe. Majestätisch bis zum Gehtnichtmehr.

Tyler: *Verdammt* noch mal, ist das ein feiner, milder Sprit.

Rex: Das ist wirklich ein höllisch schöner Himmel.

(Lange Stille).

Tyler: Meine Art von Himmel ist ein Zirrushimmel.

Rex: Was? Solche dürren, nutzlosen kleinen Wölkchen?

Tyler: Jau. Oben in Ruidoso, das ist 'n blauer Himmel. Und dann die seichten Zirruswolken, die so einfach und schwerelos vorüberziehen.

Rex: Kenn den Himmel gut, von dem du redest. Hab mir an dem Tag zwei Antilopenböcke geschossen.

(Das ist alles. Die ganze Unterhaltung. Hier kommt noch eine:)

Rex: Mögen die Mexikinder die gleichen Spielzeuge wie weiße Kinder?

Tyler: Logisch tun die das.

Rex: Scheint mir, die spielen mit so was wie Sardinenbüchsen als Boote.

Tyler: Genau darum geht's doch bei unserem Juarez-Einsatz. Echtes Spielzeug. Aber was für welches? Wie wär's mit Gewehren?

Rex: Gewehre für Mexikinder? Ohne mich.

Tyler: Die sind alle verrückt nach Autos. Und die Frauen nach Babys.

Rex: Das ist es! Autos und Puppen!

Tyler: Bastelspielzeug und Baukästen!

Rex: Bälle. Richtige Baseballbälle und Fußbälle!

Tyler: Das haben wir richtig gut ausgeklügelt, Rex.

Rex: Perfekt.

(Also, was für ein existenzielles Dilemma diese Schwachköpfe da ausgeklügelt haben, haut mich echt um.)

Tyler: Wie würdest du es finden, wenn wir im Dunkeln fliegen?

Rex: Ich finde jeden Ort. Und immerhin haben wir den Stern.

Tyler: Welchen Stern?

Rex: Den Stern von Bethlehem!

Ich hab mir die ganze Party von hier oben aus angeschaut. Mensch, war ich eine entspannte Gastgeberin, ich lag unter dem sternenbedeckten Himmel, in meinem kleinen Radio lief *Away in a Manger* und *White Christmas*.

Esther ist um vier Uhr morgens wach gewesen, hat gekocht und saubergemacht. Muss zugeben, dass Bella und Lou ihr geholfen haben. Die Floristin kam und der Partyservice mit mehr Essen und Alk, Bartender im Smoking. Ein Lastwagen, um eine riesige Seifenblasenmaschine zu liefern, die Tyler innen hinter der Eingangstür aufgestellt hat. Ich darf nicht an meinen Teppich denken. Roy Rogers und Dale Evans fingen aus Lautsprechern an zu plärren, sangen *Jingle Bells* und *I Saw Momma Kissing Santa Claus*. Dann kamen immer mehr Autos mit noch mehr Leuten, die ich in meinem Leben nie wiedersehen will. Esther, gesegnet sei ihr gutes Herz, hat mir ein Tablett mit Essen und eine Kanne Eierpunsch nach oben gebracht, eine neue Flasche vom alten Jack. Sie war ganz in Schwarz gekleidet, mit weißer Spitzenschürze, ihr weißes Haar in Zöpfen um ihren Kopf gewickelt. Wie eine Königin hat sie ausgesehen. Sie ist der einzige Mensch auf der ganzen weiten Welt, den ich mag, oder vielleicht liegt es daran, dass sie die Einzige ist, die mich mag.

»Was hat meine Schlampe von Schwägerin vor?«, hab ich sie gefragt.

»Sie spielt Karten. Ein paar von den Männern fingen in der Bibliothek an zu pokern, und sie hat ganz lieb gefragt: ›Oh, kann ich mitspielen?‹«

»Sie werden schon sehen, was sie davon haben.«

»Genau, das habe ich mir auch gesagt, in dem Moment, als sie anfing zu mischen. Wipp Wipp Wipp.«

»Und meine Mama?«

»Sie rennt herum und erzählt allen Leuten, dass Jesus unser gesegneter Heiland ist.«

Ich brauchte sie nicht nach Bella Lynn zu fragen, die mit dem alten Jed Ralston auf der hinteren Veranda in der Schaukel saß. Seine Frau, Mungo-Martha nennen wir sie, wahrscheinlich zu beladen mit Diamanten, um laufen zu können, wollte wissen, was er treibt. Dann ist Lou mit Orel, Willas Sohn, rausgekommen, einem zu groß geratenen Mutanten, der im Football bei den Texas Aggies als Tight End aufgestellt wird. Zu viert sind sie durch den

Garten geschlendert, kichernd und kreischend, Eiswürfel klapperten. Geschlendert? Die Mädchen waren angetrunken, ihre Röcke so eng und ihre Pfennigabsätze so hoch, dass sie kaum laufen konnten. Ich rief zu ihnen runter: »Mohrenkopfflittchen! Weißer Abschaum!«

»Was ist das?«, fragte Jed.

»Das ist nur Mama. Oben auf dem Dach.«

»Tiny ist auf dem Dach?«

Also hab ich mich wieder hingelegt, mit dem Sternegucken weitergemacht. Meine Weihnachtsmusik lautgestellt, um die Party zu übertönen. Gesungen habe ich auch, vor mich hin. *It came upon a midnight clear.* Nebel kam aus meinem Mund, und beim Singen klang ich wie ein Kind. Ich lag einfach da und sang und sang.

Es war gegen zehn, als Tyler und Rex und die beiden Mädchen herausgeschlichen kamen, flüsterten und im Dunkeln stolperten. Sie beluden unseren Lincoln mit zwei großen Säcken, fuhren mit zwei Autos über die hintere Weide zum Feld neben dem Graben, wo Rex die Piper Cub landet. Zu viert banden sie die Säcke außen am Flugzeug fest, und Tyler und Rex kletterten hinein. Bella Lynn und Lou schalteten die Scheinwerfer des Autos an, um Rex eine Rollbahn auszuleuchten. Obwohl die Nacht so klar zu sein schien, dass er auch mit dem Licht der Sterne hätte sehen können.

Das Flugzeug war so schwer beladen, dass es kaum vom Boden abheben konnte. Als es schließlich klappte, dauerte es eine schrecklich lange Zeit, bis es überhaupt an Höhe gewann. Verfehlte nur knapp die Drahtzäune und die Pappeln am Fluss. Die Tragflächen haben sie ein paarmal berührt, und er zog keine Show ab. Endlich war er auf dem Weg nach Juarez, und das winzige rote Rücklicht verschwand. Ich atmete auf und sagte Gott sei Dank und trank.

Ich legte mich wieder zurück, zitternd. Ich könnte es nicht ertragen, wenn Tyler abstürzen würde. Genau da lief im Radio »Stille Nacht«, was mir immer zusetzt. Ich weinte, heulte mir einfach die Augen aus. Es stimmt nicht, was ich über ihn und Kate gesagt habe. Es macht mir sehr viel aus.

Die Mädchen warteten im Dunkeln bei den Tamariskenbüschen. Fünfzehn, zwanzig Minuten, Stunden scheinbar. Ich sah das Flugzeug nicht, aber sie hatten es offenbar gesehen, weil sie die Autoscheinwerfer einschalteten und es landete.

Wegen des Partylärms konnte ich kein Wort verstehen, und sie hatten Tür und Fenster der Werkstatt geschlossen, aber ich konnte die Vier vor dem Kamin sehen. Es sah so reizend aus, genau wie *A Christmas Carol*, wie sie mit Champagner anstießen, die Gesichter leuchtend und glücklich.

Da in etwa kamen die Nachrichten aus meinem Radio. »Vor Kurzem hat ein mysteriöser Weihnachtsmann Spielzeuge und dringend benötigte Lebensmittel über dem Elendsviertel von Juarez abgeworfen. Aber was diese Weihnachtsüberraschung trübt, ist die tragische Neuigkeit, dass ein betagter Schäfer getötet wurde, angeblich soll er von einer herabfallenden Schinkenkonserve getroffen worden sein. Weitere Einzelheiten um Mitternacht.«

»Tyler, Tyler!«, brüllte ich.

Rex machte die Tür zur Werkstatt auf und kam heraus.

»Was ist los? Wer ist da?«

»Ich bin's. Tiny.«

»Tiny? Tiny ist immer noch auf dem Dach!«

»Hol Tyler, Schwachkopf.«

Tyler kam heraus, und ich erzählte ihm von der Nachricht, sagte, Rex solle das Flugzeug lieber nach Silver City verschwinden lassen.

Sie fuhren wieder aufs Feld, um den Abflug zu beleuchten. Als sie zurückkehrten, war es still im Haus, nur Esther räumte noch auf. Die Mädchen gingen hinein. Tyler kam rüber, stand unter mir. Ich hielt den Atem an, hörte ihn eine Weile Tiny? Tiny? flüstern, und dann beugte ich mich über die Kante.

»Was möchtest du?«

»Komm jetzt mal von diesem Dach runter, Tiny. Bitte.«

# Joachim Ringelnatz

## *Die Weihnachtsfeier des Seemanns Kuttel Daddeldu*

Die Springburn hatte festgemacht
Am Petersenkai.
Kuttel Daddeldu jumpte an Land,
Durch den Freihafen und die stille heilige Nacht
Und an dem Zollwächter vorbei.
Er schwenkte einen Bananensack in der Hand.
Damit wollte er dem Zollmann den Schädel spalten,
Wenn er es wagte, ihn anzuhalten.
Da flohen die zwei voreinander mit drohenden Reden.
Aber auf einmal trafen sich wieder beide im König von
  Schweden.

Daddeldus Braut liebte die Männer vom Meere,
Denn sie stammte aus Bayern.
Und jetzt war sie bei einer Abortfrau in der Lehre,
Und bei ihr wollte Kuttel Daddeldu Weihnachten feiern.

Im König von Schweden war Kuttel bekannt als
  Krakehler.
Deswegen begrüßte der Wirt ihn freundlich: »Hallo old
  sailer!«
Daddeldu liebte solch freie herzhafte Reden,
Deswegen beschenkte er gleich den König von Schwe-
  den.

Er schenkte ihm Feigen und sechs Stück Kolibri
Und sagte: »Da nimm, du Affe!«
Daddeldu sagte nie »Sie«.
Er hatte auch Wanzen und eine Masse
Chinesischer Tassen für seine Braut mitgebracht.

Aber nun sangen die Gäste »Stille Nacht, Heilige Nacht«,
Und da schenkte er jedem Gast eine Tasse
Und behielt für die Braut nur noch drei.
Aber als er sich später mal darauf setzte,
Gingen auch diese versehentlich noch entzwei,
Ohne dass sich Daddeldu selber verletzte.

Und ein Mädchen nannte ihn Trunkenbold
Und schrie: Er habe sie an die Beine geneckt.
Aber Daddeldu zahlte alles in englischen Pfund in Gold.
Und das Mädchen steckte ihm Christbaumkonfekt
Still in die Taschen und lächelte hold
Und goß noch Genever zu dem Gilka mit Rum in den
   Sekt.
Daddeldu dachte an die wartende Braut.
Aber es hatte nicht sein gesollt,
Denn nun sangen sie wieder so schön und so laut.
Und Daddeldu hatte die Wanzen noch nicht verzollt,
Deshalb zahlte er alles in englischen Pfund in Gold.

Und das war alles wie Traum.
Plötzlich brannte der Weihnachtsbaum.
Plötzlich brannte das Sofa und die Tapete,
Kam eine Marmorplatte geschwirrt,
Rannte der große Spiegel gegen den kleinen Wirt.
Und die See ging hoch und der Wind wehte.

Daddeldu wankte mit einer blutigen Nase
(Nicht mit seiner eigenen) hinaus auf die Straße.
Und eine höhnische Stimme hinter ihm schrie:
»Sie Daddel Sie!«
Und links und rechts schwirrten die Kolibri.

Die Weihnachtskerzen im Pavillon an der Mattentwiete
    erloschen.
Die alte Abortfrau begab sich zur Ruh.
Draußen stand Daddeldu
Und suchte für alle Fälle nach einem Groschen.
Da trat aus der Tür seine Braut
Und weinte laut:
Warum er so spät aus Honolulu käme?
Ob er sich gar nicht mehr schäme?
Und klappte die Tür wieder zu.
An der Tür stand: »Für Damen«.

Es dämmerte langsam. Die ersten Kunden kamen,
Und stolperten über den schlafenden Daddeldu.

# Ludwig Thoma
## *Eine Weihnachtsgeschichte*

Am Heiligen Abend saß ein Mann verlassen und einsam in der Wirtschaft Zum Weißen Elefanten. Er hieß Martin Söll und war ein Registrator. Heute war er recht ärgerlich, weil die anderen Stammgäste nicht gekommen waren, und er trank sein Bier mit Verdruss und schimpfte über das Weihnachtsfest. Da stand plötzlich ein Engel hinter ihm, der hatte ein langes, weißes Gewand an; das roch gut nach Pfefferkuchen. Die himmlische Erscheinung beugte sich nieder zu dem Zecher und berührte ihn bei der Schulter. Söll wandte sich um, und als er den Engel sah, brummte er: »Mach dass d' weiter kimmst! I kauf' nix!« Er glaubte nämlich, der Engel sei ein Hausierer, weil er ein Christbäumchen in der Hand trug.

Nach einer Weile berührte ihn der Engel wieder und sprach: »Martin, erhebe dich und folge mir!« Aber Söll fragte unwirsch: »Wer san denn Sie überhaupts?« Dieser antwortete: »Ich bin der Engel Asriel, und ich mahne dich, dass du heimgehen sollst und nicht einsam trinken an diesem Heiligen Abend, des sich alle Menschen erfreuen.« Und er sprach weiter mit gütigen Worten, bis Martin Söll seinen Hut aufsetzte und ihm folgte.

Auf der Straße blieb Martin stehen. »Was tu' i denn dahoam?«, fragte er. »Du sollst mit den Deinen fröhlich sein und ihnen das kleine Bäumchen bringen«, sagte der Engel. Wieder gingen sie einige Schritte. Es war eine feierliche Nacht. Die Flocken fielen hernieder und bedeckten die Erde. »Sieh doch, wie schön das ist!«, sagte der Engel. »Das kost't wieder an Haufen Geld, bis der Schnee wegg'schaufelt is«, antwortete Martin. Und er sagte, es reue ihn, dass er nicht sitzen geblieben sei und noch eine Maß getrunken habe. Er blieb wieder stehen.

Da zog ihn der Engel fort und sprach: »Alle Menschen bleiben heute zu Hause. Nur du willst deine Familie meiden.« – »Kennen Sie vielleicht meine Frau?«, fragte Martin. »O ja«, sagte Asriel. »Und ihre Schwester, die kennen Sie auch?« – »Gewiss; ich bin ja immer in deiner Nähe; Gott hat dich mir zum Schutze anvertraut.«

»Sie san mei' Schutzengel? Nacha drucken's Ihnen aber glei!«, sagte der Registrator zornig. »Warum hamm denn Sie mich heiraten lassen? San Sie auch noch ein Schutzengel? Da is mir ja jeder Gendarm lieber.«

»Ich weiß, dass du nicht glücklich bist!«, erwiderte der Engel. »Aber siehe, gerade heute will ich Frieden stiften zwischen dir und deinem Weibe. Komm schnell!« Martin ließ sich nur mit Widerstreben fortziehen, und Asriel musste oft Gewalt anwenden. Er führte ihn durch die Straßen der Stadt, und wo ein Fenster erleuchtet war, zeigte er dem Registrator, wie glücklich die Menschen am Heiligen Abend sind.

Aber je näher sie an Martins Wohnhaus kamen, desto langsamer wurden die Schritte, und Asriel redete immerzu voll Güte.

»Siehe, ich war bei dir an deinem Hochzeitstage.«

»So?«

»Deine junge Braut war lieblich anzusehen mit dem Myrtenkränzlein im Haare.«

»So?«

»Ihre Wangen färbten sich rot, als sie dir das Jawort vor dem Altar gab.«

»Geh, hören S' auf!«, sagte Martin. »Ich will Ihnen was sagen, Herr Asriel, wenn Sie g'scheit san, kehr'n mir um und trinken miteinander a Maß im Elefanten.«

»Wie kannst du so reden?«, fragte der Engel vorwurfsvoll. »Und doch hast du ihr zärtliche Namen gegeben, als ihr allein waret nach der Trauung.«

»So?«

»Du hast zu ihr gesagt, deine Liebe würde stärker mit jedem Tag!«

»Hab i dös g'sagt?«

»Ja, Martin, und jetzt soll es wieder so werden zwischen euch. Am Heiligen Abend öffnen sich die Herzen, und die Menschen finden sich wieder in Liebe.«

Martin gab keine Antwort und schritt zögernd dahin. Plötzlich fragte er: »Sie, Herr Asriel, könnt's ihr Engel in die Zukunft schauen?«

»Sie ist uns nicht verschlossen wie euch Irdischen.«

»Was sehg'n Sie dann von meiner Zukunft?«

»Ich sehe dich friedlich in deinem Zimmer sitzen. Das Christbäumchen steht auf dem Tische, und helle Lichter brennen in seinen grünen Zweigen. Deine Augen sehen fröhlich in den Glanz, und dann richten sie sich voll Liebe auf die lachende Frau, die neben dir auf dem Sofa sitzt.«

»Dös sehg'n Sie alles?«

»So deutlich, wie du die Gegenstände siehst, welche du mit Händen greifen kannst. Ich sehe dich, wie du den Arm um ihren Hals legst. Sie schmiegt das Köpfchen an deine Brust, und du gibst ihr die alten Kosenamen wieder.«

»Also, wenn dös koa Schmarr'n ist...«, sagte Martin.

»Es ist die Wahrheit«, sagte Asriel ernst.

Unter diesen Gesprächen waren sie bei der Wohnung des Registrators angelangt. Im ersten Stockwerk brannte ein Licht.

»Siehst du, sie erwartet uns«, sagte der Engel und griff nach der Glocke.

»Halten S'! Net läuten!«, flüsterte Söll.

»Warum nicht?«

»Lassen S' Ihnen raten. Es is g'scheiter, wenn wir umkehren.«

»Nein, Martin, du sollst heute dein Glück wiederfinden.«

Der Engel zog an der Glocke. Einen Augenblick

war es still, dann öffnete sich oben das Fenster, und eine weibliche Stimme fragte: »Wer is da?«

»Ich bin es, der Engel Asriel, und ich bringe dir deinen Mann!«

»Warten S' an Augenblick!«, sagte die Stimme.

Martin wollte sich von dem Engel losmachen, aber dieser hielt ihn fest.

»Freue dich, Martin«, sagte er. »Es ist ein fröhlicher Abend.«

Und er begann, leise mit herrlicher Stimme zu singen: »Vom Himmel hoch, da komm' ich her ...«

Er kam nicht weiter.

Ein staubiger Besen fuhr ihm zwischen die Zähne, und er verspürte heftige Schläge an allen Teilen seines Körpers. Und ein Guss kam von oben, dass er um und um nass wurde.

Da wandte sich Asriel betrübt zum Gehen.

# Robert Benchley,
## Ein Weihnachtsnachmittag

### In der Manier, wenn auch nicht im Geist von Dickens

Was für ein Nachmittag! Mr. Gummidge sagte, seiner Ansicht nach habe es seit dem Bestehen der Welt noch nie einen solchen Nachmittag gegeben, wozu ihm Mrs. Gummidge und all die kleinen Gummidges herzlich beipflichteten, von den Verwandten, die für diesen Tag aus Jersey hergekommen waren, nicht zu reden.

Da war zum einen der Überdruss. Und was für einer! Schwerer, erdrückender Überdruss, wie er sich aus einer Speisefolge von acht Gängen ergibt, acht dampfenden, saucentriefenden Gängen, gekrönt mit Salznüssen, von denen die kleine alte Jungfer Gummidge aus Oak Hill sagte, wenn sie *ein*mal damit angefangen habe, dann gebe es kein Halten mehr, und so war es dann auch; ein schleppender, entkräftender Überdruss, dessen Opfer im Salon niedergestreckt herumlagen, als wären sie versteinerte Bewohner einer vor kurzem erst ausgegrabenen pompejanischen Behausung; ein Überdruss, begleitet von Gähnen, Knurren und nur schlecht verhüllten Beleidigungen, der in der Sippe zu solch heftigen Verwerfungen führte, dass sie das ganze frohe neue Jahr hindurch noch spürbar bleiben würden.

Und dann das Spielzeug! Drei und ein Viertel Dutzend Spielwaren für insgesamt sieben Kinder. Mehr als genug, um die kleinen Knirpse zufriedenzustellen, möchte man meinen. Was beweist, dass man ebendiese Knirpse nicht kennt. Herein kam der kleine Lester Gummidge, Lilians Sohn, mit einem elektrischen Getreideheber im Schlepptau, der von all dem Spielzeug leider, leider das einzige war, das auch Klein-Norman, dem fünfjährigen Sohn von Luther, der in Rahway wohnte, gefiel. Herein kam die wuschelköpfige Effie, in einen so verzweifelten wie heiseren Disput mit.

Arthur junior verstrickt, der die Besitzansprüche auf ein Zebra mit beweglichen Gelenken betraf. Herein kam Everett mit seinem mechanischen Neger, der nicht mehr tanzen konnte, seit ihm das Kind einen Marshmallow in die einzige verfügbare Öffnung gestopft hatte. Herein kam Fonlansbee, der seine Zähne in die Hand von Klein-Osmond geschlagen hatte, welcher die begehrten und versehrten Überreste dessen gepackt hielt, was einmal die stolzgeschwellte Brust einer Husarenuniform gewesen war. Herein kamen sie, eins nach dem andern, heulend, fauchend, zerrend und drängend, und alle heischten sie die Hilfe ihrer Eltern bei diesem hausinternen Krieg.

Und dann der Zigarrenrauch! Mrs. Gummidge sagte, gegen den Rauch einer guten Zigarette hätte sie ja nichts einzuwenden, aber wenn es recht sei, dann würde sie gern kurz das Fenster öffnen, um das Zimmer zu lüften, wo es nach abgestandenen Zigarren rieche. Nicht nach abgestandenen, sondern anständigen Zigarren rieche es hier, warf sich Mr. Gummidge in die Brust. Hochanständigen, pflichtete ihm sein Bruder George Gummidge bei, gefolgt vom prustenden Gelächter beider Brüder über ihren Scherz, womit sie den Lachrekord des Nachmittags aufstellten.

Tante Libbie, die mit George zusammenlebte, bemerkte

aus einer dunklen Ecke des Zimmers, es komme ihr wie ein Sonntag vor. Das mochte der Vetter, der im Versicherungsgeschäft tätig war, nicht gelten lassen, und er sagte, es sei schlimmer als ein Sonntag. Gemurmel, das auf herzhafte Zustimmung hindeutete, soweit das die Lethargie überhaupt zuließ, ertönte von den anderen Mitgliedern der Familie, was Mr. Gummidge veranlasste, einen Verdauungsspaziergang im Freien vorzuschlagen.

Nun erhob sich ein regelrechter Chor von Einwänden, wie er nur selten zu hören war. Es sei zu bewölkt, um spazieren zu gehen. Es sei zu rau. Es sehe nach Schnee aus. Nach Regen. Luther Gummidge meinte, er müsse sich ohnehin bald auf den Heimweg machen, was Mrs. Gummidge zur spitzen Frage veranlasste, ob er sich etwa langweile. Lillian sagte, bei ihr sei eine Erkältung im Anzug, außerdem sei etwas, das sie gegessen habe, nicht gargekocht gewesen. Und so ging das weiter, hin und her, her und hin, rauf und runter, rein und raus, bis der Spaziervorschlag von Mr. Gummidge gründlich zerfetzt war und alle Anwesenden vor sich hin grollten.

Doch dürfen wir bei alldem die Kinder nicht vergessen. Das wäre auch niemandem gelungen. Tante Libbie sagte, ohne Kinder wäre Weihnachten gar nicht denkbar, worauf Onkel Ray, der mit der freimaurerischen Uhrkette, meinte: »Schön wär's aber.« Obschon Weihnachten als Fest der Liebe galt, hörten sich die Kinder eher an, als wäre es das Fest der Feindschaft, ja die letzte Schlacht, und als hätte Mutter Natur beschlossen, nur die Stärksten dürften überleben, die mit den räuberischsten Instinkten und den besten Tarnfarben. Auch wenn es Ermahnungen hagelte – an Fonlansbee: »Gib Osmond sofort die Trillerpfeife zurück, sie gehört ihm«; und an Arthur junior: »Lass Effie auch mal Tretauto fahren, sie ist kleiner als du« –, lief es natürlich darauf hinaus, dass Fonlansbee die Trillerpfeife behielt und Arthur junior zwar angefochten, aber triumphierend weiter seine Runden drehte. Ach, was vermöchten wir Sterblichen denn zu erreichen wider die unerforschlichen Ratschlüsse von Mutter Natur!

Großes Hallo und großer Aufruhr! Onkel George war über die elektrische Eisenbahn gestolpert, die schon zu Beginn des Nachmittags den Geist aufgegeben hatte und auf der Schwelle liegen geblieben war. Großes Geschrei von Arthur junior, Heulen und Zähneklappern angesichts der Zerstörung seiner Eisenbahn, die doch bereits kaputt gewesen war und die er bis zu diesem Moment komplett vergessen hatte. Große Empörung von Arthur senior, während George zu retten versuchte, was zu retten war. Und schließlich großes Getöse: Der kleine Lester hatte den Weihnachtsbaum umgerissen, und es bedurfte aller forstwirtschaftlichen Kenntnisse von Onkel Ray, um das Balg aus dem Astgewirr zu bergen.

Danach reichte Mrs. Gummidge Weihnachtssüßigkeiten herum. Mr. Gummidge bezeichnete dies hinterher als taktischen Fehler seiner Frau. Doch ich glaube nicht, dass Mrs. Gummidge wirklich dachte, irgendjemand hätte Lust auf Weihnachtssüßigkeiten oder auf kalten Truthahn, was sie anschließend vorschlug. Ich glaube vielmehr, dass sie die Anwesenden loswerden wollte. Und das gelang ihr auch. Unter erstickten Schreien – »Iiih, nur nichts zu essen!« und »Geh mir damit bloß aus den Augen!« – wurde im Kleiderschrank fiebrig nach Überschuhen gekramt. Nähte krachten, während entnervte Eltern ihre Kinder in Wintermäntel zwängten. Heuchlerisch hieß es: »Kommt uns bald besuchen!« und »Wir müssen uns unbedingt demnächst zum Mittagessen treffen!« Auf das Zuschlagen von Autotüren folgte dann endlich die Stille vollkommener Erschöpfung, nur Mrs. Gummidge klaubte da und dort noch Fetzen verstreuten Geschenkpapiers auf.

Zur Institution des Weihnachtsnachmittags würde Tiny Tim wohl sagen: »Gott, segne uns. Aber bloß nicht damit!«

# Saki

## *Reginalds weihnachtliche Lustbarkeit*

MAN SAGT (ERKLÄRTE REGINALD), ES gebe nichts Traurigeres als einen Sieg, ausgenommen eine Niederlage. Wenn Sie jemals die angeblich Festliche Zeit in Gesellschaft stumpfsinniger Leute zugebracht haben, werden Sie diese Redensart wohl revidieren können. Nie werde ich das Weihnachtsfest vergessen, auf das ich mich bei den Babwolds eingelassen habe. Mrs. Babwold ist eine Verwandte meines Vaters – eine Art Cousine auf Abruf –, und dies galt als zureichender Grund zur Annahme ihrer Einladung nach der etwa sechsten Wiederholung; warum allerdings die Kinder die Sünden ihres Vaters daheim besuchen sollen – nein, in dieser Schublade werden Sie kein Briefpapier finden; da bewahre ich nur alte Speisekarten und Premierenprogramme auf.

Mrs. Babwold trägt eine ziemlich feierliche Persönlichkeit und ist noch nie bei einem Lächeln ertappt worden, selbst wenn sie ihren Freundinnen unangenehme Einsichten eröffnet oder ihre Einkaufsliste aufstellt. Sie nimmt ihre Freuden mit Trübsal zu sich. Ein Staats-Elefant in Durbar hinterlässt einen ganz ähnlichen Eindruck. Ihr Mann arbeitet bei jedem Wetter draußen im Garten. Wenn ein Mann bei strömendem Regen hinausgeht, um Raupen von Rosensträuchern abzustreifen, bilde ich mir im Allgemeinen ein, sein häusliches Leben lasse einiges zu wünschen übrig; bei den Raupen jedenfalls muss es für Unruhe sorgen.

Natürlich waren noch andere Leute da. Zum Beispiel ein Major Soundso, der hatte in Lappland oder sonst wo irgendwelche Dinger erlegt; ich weiß nicht mehr welcher Art, aber nicht weil er es an ausführlicher Schilderung hätte fehlen lassen. Sie wurden uns fast bei jeder Mahlzeit kalt aufgetragen, und er gab uns unablässig ihre Maße haarklein von einem Ende zum andern an, als ob wir ihnen warme Unterwäsche für den Winter zu stricken gedächten. Ich hörte ihm immer mit jener hingerissenen Aufmerksamkeit zu, die ich für schick erachtete, und dann gab ich eines Tages ganz bescheiden die Ausmaße eines Okapi zum besten, das ich in den Mooren von Lincolnshire zur Strecke gebracht hatte. Der Major nahm ein herrliches Tyrisch Rot an (ich erinnere mich noch, wie ich dachte, dass ich mein Badezimmer gern in dieser Farbe tapeziert hätte), und ich vermute, in diesem Augenblick brachte er es fast über sich, mich zu verabscheuen. Mrs. Babwold setzte eine Erste-Hilfe-in-Notlagen-Miene auf und fragte ihn, ob er nicht ein Buch über seine Jagderinnerungen herausbringen möchte, das könne doch so interessant ausfallen. Erst später fiel ihr wieder ein, dass er ihr zwei umfängliche Bände darüber zum Geschenk gemacht hatte samt seinem Porträt und Autogramm auf dem Frontispiz und einem Anhang über die Lebensweise der arktischen Miesmuschel.

An den Abenden schoben wir die Sorgen und Ablenkungen des Tages beiseite und gaben uns dem wirklichen Leben hin. Karten wurden für eine zu leichtfertige und eitle Art des Zeitvertreibs abgetan, weshalb sich die meisten mit einem sogenannten Buchspiel unterhielten. Man begab sich auf den Flur hinaus – vermutlich auf die Suche nach einer Inspiration –, dann kam man wieder herein, mit einem Schal um den Hals und affigem Blick, und die anderen sollten erraten, dass man *Wee MacGreegor* vorstellte. Ich behauptete mich gegen diese Geistlosigkeit, so lange es der Anstand zuließ, schließlich aber willigte ich in einem Anfall von Gutmütigkeit ein, mich ebenfalls als ein Buch zu maskieren, nur wies ich gleich warnend auf erheblichen Zeitaufwand hin. Alle warteten nahezu vierzig Minuten, während ich mit dem Pagen in der Speisekammer mit Weingläsern Kegeln spielte; man verwendet dazu einen Sektkorken, wissen Sie, und Sieger ist, wer die meisten Gläser umwirft, ohne sie zu zerbrechen. Ich entschied mit vier unzerbrochenen von sieben die Partie für mich; William hat wohl an Über-Ängstlichkeit gelitten. Im Salon war man über mein Ausbleiben richtig ungehalten geworden, und man beruhigte sich nicht im geringsten, als ich hinterher verkündete, ich hätte *Am Ende der Passage* dargestellt.

»Kipling habe ich noch nie gemocht«, lautete Mrs. Babwolds Kommentar, als ihr die Sache aufging. »Regenwürmer der Toscana ist mir nie sehr geistreich vorgekommen – oder ist das von Darwin?«

Solche Spiele sind ja ungemein bildend, ich persönlich aber ziehe Bridge vor.

Heiligabend sollte nach alter englischer Sitte besonders festlich begangen werden. Im Vestibül zog es zwar entsetzlich, doch schien es der angemessene Ort für ein Gelage zu sein und wurde mit japanischen Fächern und chinesischen Lampions dekoriert, was ihm eine überaus altenglische Atmosphäre verlieh. Eine junge Dame mit vertrauensvoller Stimme beehrte uns mit einem länglichen Rezitat über ein kleines Mädchen, das starb oder etwas ähnlich Abgedroschenes unternahm, und dann lieferte uns der Major einen anschaulichen Bericht von einem Kampf, den er mit einem verwundeten Bären ausgetragen hatte. Insgeheim wünschte ich mir, bei solchen Gelegenheiten möchten doch auch einmal die Bären obsiegen; zumindest würden sie hinterher nicht so viel Schaum schlagen. Ehe wir uns geistig erholen konnten, kamen wir in den Genuss von ein wenig Gedankenleserei, die uns von einem jungen Mann angetan wurde, dessen liebe Mutter und mittelmäßigen Schneider man instinktiv ahnte – der Typ von jungem Mann, der unbeirrt auch durch die dickste Suppe hindurch quasselt und sich so zaghaft über das Haar streicht, als befürchte er, es könnte jederzeit zurückschlagen. Der Gedankenleser war ein allgemeiner Erfolg; er enthüllte, dass die Gedanken der Gastgeberin gerade bei der Poesie verweilten, und sie gab zu, eben noch über eine Ode des Hofdichters nachgesonnen zu haben. Das konnte man durchgehen lassen. In Wirklichkeit wird sie sich wohl überlegt haben, ob ein Hammelhalsstück und etwas kalter Plumpudding für das morgige Küchendinner noch ausreichen würden. Als Höhepunkt der Ausgelassenheit wurde ein Halma-Turnier mit Milchschokolade als Siegerpreis anberaumt. Ich habe eine sorgfältige Erziehung genossen und verwahre mich vor Geschicklichkeitsspielen mit Aussicht auf Milchschokolade, und so schützte ich Kopfschmerzen vor und zog mich vom Schauplatz zurück. Einige Minuten zuvor war Miss Langshan-Smith vorausgegangen, eine formidable Person, die morgens immer zu unbehaglicher Stunde aufstand und den Eindruck verbreitete, sie hätte vor dem Frühstück bereits mit fast sämtlichen europäischen Regierungen verkehrt. An ihre Tür war ein Zettel geheftet mit der von ihr unterzeichneten Anweisung, man möchte sie am folgenden Morgen besonders früh wecken. Eine solche Gelegenheit bietet sich einem im Leben nicht zweimal. Ich übernahm lediglich die Unterschrift für eine andere Ankündigung, wonach sie, bevor noch jemand diese Worte zu Gesicht bekomme, ihrem verfehlten Leben ein Ende bereitet hätte, die Unannehmlichkeiten bedaure, die sie verursachen könnte, und sich ein Begräbnis mit militärischen Ehren wünsche.

Nach einiger Zeit ließ ich auf dem Treppenabsatz mit lautem Knall eine aufgeblasene Papiertüte platzen und stieß ein theatralisches Stöhnen aus, das wohl noch im Keller zu vernehmen war. Dann gab ich meiner ursprünglichen Absicht nach und legte mich zu Bett. Der Lärm der Leute beim Aufbrechen der Tür jener guten Lady war ausgesprochen unschicklich; sie leistete hörbar tapferen Widerstand, und es schien, als hätte man sie nachher noch eine runde Viertelstunde lang nach Kugeln abgesucht – fast wie ein historisches Schlachtfeld.

Ich verabscheue es, an Weihnachtsfeiertagen

# Marcel Huwyler
## *Ihr Kinderlein kokset*

Zwei Tage nachdem Fredy das aufwändig verpackte und clever getarnte Paket per Kurierdienst verschickt hatte – die Billig-Logistikfirma lieferte schnell, unbürokratisch und ohne die Inhalte genauer zu kontrollieren –, meldet sich der erboste Empfänger. Der eben gar nichts empfangen hatte.

Die Ware sei nie bei ihm angekommen, brüllte der Kontaktmann am Telefon. Sein Boss sei deswegen stinksauer, der Clan gelinde gesagt gereizt und die Kundschaft hypernervös, weil sie nicht kaufen konnten. Und das ausgerechnet jetzt! Benötigten die Konsumenten doch insbesondere zur hochscheinheiligen Weihnachtszeit eine speziell pikante Sorte Kokain, um ihre glühenden Nerven zu beruhigen. Gegen all die überdrehten Familienzeremonien, geheuchelten Firmenfeiern und die Panik, bei der Gratifikation vom Chef herabgestuft zu werden, wirkte das weiße Zeugs wahre Wunder.

So ein Sträßchen ins Näschen euphorisierte den Geist, salbte das Gemüt und elektrisierte die Libido. Und verwandelte das Fest der Liebe zur Party der Triebe. Besagter Stoff machte happy, high und spitz – und trug darum in der Szene den Namen Matterhorny.

Fredy versuchte den Kontaktmann am Telefon zu beschwichtigen. Es sei seines Wissens alles korrekt verschickt worden, der Fehler müsse darum beim Kurierdienst liegen, er werde sich selbstverständlich höchstpersönlich und noch heute darum kümmern.

Der Typ am anderen Ende knurrte nur und gewährte ihm drei Tage Zeit, das Problem zu lösen. Andernfalls kriege er seine Anzahlung zurück und Fredy einen Haufen Schwierigkeiten.

Fredys Besuch im Office des Kurierdienstes brachte dann tatsächlich Licht ins Dunkle. Unter Zuhilfenahme seiner brachial-motivierenden Art im Umgang mit Personal, löste er Hemmungen und Zunge eines Adressenadministrators, der ihm unter Schmerzenstränen Einblick in die Liefertätigkeit des Unternehmens gewährte. Dort fand Fredy, was er gesucht hatte. Sein Paket war, wie befürchtet, an die falsche Adresse zugestellt worden. Die Idioten vom Kurierdienst hatten die Ware versehentlich in ein Bauernkaff in den Voralpen gefahren.

In ein gewisses Müntschisberg.

\*\*\*

Diesmal würde man Grittibach übertrumpfen. Solch eine Schmach wie im letzten Advent galt es heuer unter allen Umständen zu verhindern.

Die Grittibacher hatten im Jahr zuvor völlig überraschend mit der ganz großen Kelle angerichtet. Eine protzige Zwanzigmeter-Tanne aus dem gemeindeeigenen Wald war auf dem Schulhausplatz aufgerichtet worden. Geschmückt wurde sie von einer angeberisch langen Lichterkette mit achteinhalbtausend farbig glimmenden Lämpchen, die sich in den fußballgroßen Christbaumkugeln widerspiegelten. Alles doch sehr dick aufgetragen. Sogar das *Tagblatt* hatte darüber berichtet und vom »pompösesten Weihnachtsbaum der ganzen Region« geschrieben.

Was zwar der Wahrheit entsprach, aber dennoch unsympathisch großkotzig wirkte. Fanden jedenfalls die Leute im Nachbardorf Müntschisberg.

In diesem Advent würde man es den Grittibachern heimzahlen. Mit einem noch größeren, noch opulenter dekorierten Baum. Der Müntschisberger Gemeinderat hatte eigens einen Zusatzkredit bewilligt, damit die Abteilung Bauamt auf Weihnachtsbaumdekoshoppinggroßtour gehen konnte. Was Bauamtchef Stöckli und seine Mannen denn auch ungeniert taten.

Bereits im Sommer wälzten sie Spezial-Xmasdeko-Kataloge, mit denen sonst nur Großkunden wie Weltkonzerne, Hochhaus- und Flughafenbesitzer sowie Kreuzfahrtschiff-Reedereien ihre adventlichen Fassaden-Illuminationssysteme bestellten. Man entschied sich schließlich für vier Kilometer Kabel und das fünfzehntausend Einheiten zählende Systemlichter-Baukastenset »Empire State Building Plus«. Des Weiteren orderte man pompöse Girlanden in Dubaigold und Monacosilber und diverse Garnituren Deluxe-Christbaumkugeln.

Während die Großbestellungen bereits im Laufe des Herbstes eintrafen, hatten einige kleinere Dekohändler offensichtlich Lieferschwierigkeiten. Das letzte Paket – an dessen Bestellung sich die Bauämtler notabene nicht einmal mehr erinnern konnten – traf denn auch buchstäblich in letzter Sekunde ein. Einen Tag vor dem ersten Advent, an dem der Rekordbaum zum ersten Mal erleuchtet werden sollte.

Bei der Lieferung handelte es sich um ein bananenschachtelgroßes Paket voller Weihnachtsbaumkugeln in – welche Extravaganz – hochglänzendem Schwarz. Kaviarschwarz ganz genau, wie der Beipackzettel erläuterte. Die Kugeln besaßen zwar lediglich Normalgröße, waren dafür aber mit einer Lackschicht überzogen, die mit vierundzwanzigkarätigem Goldstaub angereichert war. Sehr exklusiv, sehr teuer, womöglich ein klitzekleinwenig versnobt – und die Farbe war sicher grenzwertig –, aber nichtsdestoweniger eine Rarität, die wohl deswegen auch nicht mit der herkömmlichen Post befördert wurde, weil besonders *Fragile*.

Ein Kurierdienst aus der Stadt brachte die Lieferung eigens nach Müntschisberg, wo Bauamtchef Stöckli und seine Mannen die Bestellung sofort auspackten und an den Baum hängten. Die kaviarschwarzen Kugeln waren erstaunlich schwer, was wohl mit dem Gewicht des Goldstaubes im Lack drin zu erklären war.

Möglicherweise lag es am Aperitif mit Weißwein, den der Bauamttrupp sich bereits am frühen Nachmittag gegönnt hatte, oder es war der Schlusshektik zuzuschreiben – jedenfalls glitt ausgerechnet Chef Stöckli eine der Kugeln aus den Fingern und zerplatzte auf dem Kopfsteinpflaster. Seltsamerweise ertönte nicht das zu erwartende Klirroder Knack- sondern ein widernatürliches Patschgeräusch. Die Kugel zerbarst und zwischen den schwarzen Scherben rieselte weißer Puder hervor.

Ziemlich sicher wäre die Geschichte an der Stelle zu Ende gewesen, hätte nicht Stöcklis Hund Rudi – ein uralter und darum lahmarschiger Cockerspaniel, der sein Herrchen bei der Arbeit stets begleitete –, den Puder beschnüffelt und zwei, drei Zungenspitzen davon gekostet.

»Pfui, Rudi, aus! Ist doch gruusig«, schalt Stöckli, scheuchte seinen Hund zur Seite und verwischte mit der Schuhspitze das weiße Zeugs.

Nur wenig später rannte Rudi wie eine Furie um den Weihnachtsbaum herum. Er bellte und japste, zeigte Luftsprünge und vollführte sogar Pirouetten, was er wegen der tierischen Arthrose in seinen Gelenken seit Jahren nicht mehr gewagt hatte. Als er dann sogar auf die zufällig vorbeispazierende Pudeldame Jeannette zuschwänzelte – an der Leine geführt von Zahnarztgattin Frau von Bergen –, sie intensiv beschnüffelte und schließlich gar Anstalten machte, die Hündin zu besteigen, schritt der Bauamtchef mit hochrotem Kopf ein und zerrte seinen giggerigen Rudi am Nackenfell zurück.

Es gab für Stöckli nur eine Erklärung für das hundegeriatrische Jungbrunnenwunder. Der weiße Puder. Was war das bloß für ominöses Zeugs?

Stöckli hatte vor seiner Karriere als Bauamtchef einige Jahre als Gärtner gearbeitet und bildete sich ein, etwas von Heil- und Giftpflanzen zu verstehen. Mit dem speichelnassen Zeigefinger tupfte er nun ein wenig von dem Pulverweiß aus den Ritzen des Kopfsteinpflasters und schnupperte daran.

»Riecht leicht kalkig und muffig, wie ein frisch getünchter Keller«, analysierte er mit der Degustiermiene eines Weinsommeliers und nickte seinen Mitarbeitern bedeutungsschwer zu.

»Ich muss das daheim genauer analysieren.« Er zog sein Taschenmesser hervor, schabte mit der Klingenspitze noch mehr von dem Puder vom Boden und packte es in sein Taschentuch. Stöckli hatte zwar null Ahnung, was das Zeugs sein könnte, aber da er Zeuge von Rudis Auferweckung von den Hundegreisen geworden war, kam ihm eine Idee.

Nach Feierabend eilte er schnurstracks nach Hause und betrat als Erstes seinen kleinen Stall. Er war nämlich auch noch ein wenig Landwirt, ein Hobbybauer mit einem Dutzend Schafe, drei Ziegen sowie einer Kuh.

Um ebendiese, die Flora, bereitete Stöckli seit Tagen Sorgen. Sie war offensichtlich nicht zwäg, lag schwer im

Stroh und wollte nicht recht fressen. Stöckli tippte auf Verdauungsprobleme. Es kam immer mal wieder vor, dass einer der vier Kuhmägen Zicken machte. Aber all seine bisherigen Heilversuche mit Viehsalz, Dystamoral-Forte und Weißbier (wegen der Hefe), hatten nicht angeschlagen. Jetzt füllte er einen Trinkzuber mit frischem Wasser und ließ etwas von dem weißen Puder hineinrieseln. Das gab er Flora zu trinken.

Keine fünf Minuten später stemmte sich die Kuh mit unerwartet viel Elan vom Boden hoch, begann mit ihrem Hintern zu wippen und bewegte dazu alle viere einzeln, als würde sie stepptanzen. Kurz darauf kaute Flora mit viel Appetit auf dem Gras in der Futterkrippe herum.

Das war unglaublich. Solch eine Blitzheilung hatte Stöckli noch nie gesehen. Der Puder war ganz offensichtlich ein wahrer Muntermacher, eine Arznei, ein Teufelszeug – oder wohl eher Wunderzeug.

Nachdenklich senkte er den Kopf und blickte auf seine Knie. Die knarzten und schmerzten seit Jahren. Bei Föhn und angekündigtem Schnee ganz besonders arg. Stöckli kratzte sich am Schädel und überlegte. Jää, und wenn er jetzt …

***

Der Lieferwagenfahrer des Kurierdienstes machte sich beinahe in die Hose vor Schreck. Ein ihm völlig unbekannter Mann nahm ihn nach Feierabend in den Schwitzkasten und nötigte ihn, preiszugeben, an wen im Ort Müntschisberg er heute ein ganz bestimmtes Paket geliefert hatte. »Name und Adresse, sonst breche ich dir einen Arm«, zischte der Typ mit den kalten Augen und dem Spinnennetz-Tattoo auf Gurgelhöhe.

Der Lieferwagenfahrer des Kurierdienstes hatte zu Hause Frau und Kinder und einen für seine Gehaltsklasse viel zu teuren und noch längst nicht abbezahlten Wagen, weswegen er keinen Widerstand leistete und bereitwillig auspackte.

»Na also, geht doch«, brummte der Kerl und ließ den Informanten vom Haken. Dann fischte er aus der Gesäßtasche seiner schwarzen Jeans ein Bündel Geldscheine und zählte fünf davon ab. »Und das hier gehört dir, wenn du dein Maul hältst, alles vergisst, was du eben erlebt hast und dich ganz schnell von hier verpisst.«

Der Kurierdienst warb an all seinen Fahrzeugen mit der Aufschrift *Keiner ist schneller*. Diesem Slogan machte einer seiner Mitarbeiter gerade ganz große Ehre.

*** 

Stöckli machte probehalber ein paar Freudensprünge. Dazu war er seit Langem nicht mehr fähig gewesen. Und ohne die geringsten Schmerzen in den Knien! Er hopste und hüpfte und genoss die auf wundersame Weise wiedererlangte Elastizität seiner Gelenke. Herrgottsterne, was war das bloß für ein Puder?

Und nicht nur die Knie waren plötzlich wieder wie neu, sein ganzer Organismus schien einen Energieschub erhalten zu haben. Zudem fühlte er sich angenehm leicht und fröhlich, er könnte Bäume ausreissen. Oder – jetzt gluckste er – Frauen aufreißen. Ja, es juckte ihn.

So voller Verlangen betrat er sein Haus und übermannte Gattin Marianne mit einer stürmischen Umarmung samt feucht-fordernder Küsse, wie die es seit vielen Jahren nicht mehr erlebt hatte.

»Jesses, Oski, was ist denn mit dir los?« Marianne

Stöckli kicherte erst und zierte sich mädchenhaft, genoss dann aber seinen heißen Atem.

»Spürst du deinen dritten Frühling?« Statt einer Antwort ließ Ehemann Oski seine Finger sprechen.

Am anderen Morgen war Sonntag. Und erster Advent. Stöckli stiefelte nach einem intensiven Abschiedsprozedere – seine noch bettwarme Marianne wollte ihn partout nicht gehen lassen – schnurstracks zur Weihnachtstanne auf dem Hauptplatz.

Heute war der große Tag. Punkt sechs Uhr am Abend würde der Baum erstmals in vollem Lichterglanz erstrahlen. Ein Fest war geplant, das ganze Dorf würde kommen. Der Reporter vom *Tagblatt* natürlich auch. Ha, die in Grittibach drüben würden sich schön ärgern. Stöckli blickte die Tanne hoch und suchte nach diesen ganz bestimmten schwarzen Kugeln.

Als er sich vergewissert hatte, dass ihn niemand beobachtete, angelte er eine davon vom Baum und schlug sie mit dem Griff seines Taschenmessers auf, wie ein Dreiminutenei zum Frühstück.

Auch dieses Exemplar hier war voll davon. Gefüllt mit weißem Puder.

Stöckli hatte eigens eine von Mariannes Tupperware mitgenommen; dort hinein ließ er jetzt den Puder rieseln. Pflückte dann eine weitere Kugel, knackte sie und erntete auch deren Inhalt. Dann war das Tupperware auch schon voll. Stöckli drückte den Deckel fest darauf. Um die restlichen Wunderpuderkugeln würde er sich später kümmern.

Er versuchte sich an die Liefermenge zu erinnern. Es mussten so um die zwei Dutzend Christbaumkugeln sein. Machte summa summarum ... Sternesiech, fast zwei Kilo von dem Zauberweiß. Damit ließen sich eine ganze

Menge alte Hunde, kranke Kühe und narkotisierte Ehen aufpeppen.

Stöckli musste grinsen und ertappte sich dabei, wie er an sein obligates Nickerchen nach dem Mittagessen dachte. Heute war schließlich Sonntag. Warum dann also nicht ausnahmsweise ein etwas ausgedehnteres Schläfchen halten? Und für einmal musste dieses ja auch nicht allein stattfinden.

\*\*\*

Fredy traf gegen neun an diesem Sonntagmorgen in Müntschisberg ein. Er parkte seinen für dieses Kuhkaff viel zu teuren und darum auffälligen Geländewagen außerhalb des Dorfs und pappte sogar noch etwas Neuschnee an die Nummernschilder, um sie unleserlich zu machen. Ein Zürcher im Ort würde sich sonst schnell herumsprechen, das galt es zu vermeiden. Er wollte hier möglichst schnell und diskret sein fehlgeleitetes Matterhorny zurückholen und subito wieder abhauen.

Fredy hatte eine Lieferadresse, die der auskunftsfreudige Kurierfahrer ausgespuckt hatte. Ein gewisser Oskar Stöckli – Chef Bauamt, Depot, Marktstraße 12 – musste die Lieferung Christbaumkugeln irrtümlich erhalten haben. Fredy googelte die Anschrift auf seinem Handy und lief dann los.

Keine Viertelstunde später stand er auf dem Hauptplatz. Das Bauamt-Depot befand sich nur eine Seitengasse weiter, aber Fredy brauchte gar nicht mehr dorthin zu gehen. Er hatte seine Ware eben entdeckt.

Mit einer Mischung aus Andacht und Frust stand er vor dieser Mords-tanne und sah schwarz – seine Christbaumkugeln. Ganz bewusst hatte er das Kokain in kaviarschwarze Kugeln abgefüllt. Reine Vorsichtsmaßnahme. Falls durch einen dummen Zufall so eine Kokskugel tatsächlich für Weihnachtsschmuck gehalten würde, schreckte die Farbe todsicher ab. Niemand würde sich freiwillig solch düstere Kugeln ins Bäumchen hängen – und also bliebe diese unangetastet. Clean. Fredy blickte erneut in die Äste hoch und seufzte. So konnte man sich irren.

Manche Kugeln waren vom Boden aus greifbar, andere baumelten in zehn oder gar zwanzig Metern Höhe und konnten nur mithilfe einer Leiter oder eines Teleskopladers abgezupft werden. Er müsste sich etwas einfallen lassen. Und erst die Exemplare ganz zuoberst, beim Spitz, wie hoch war das, sicher um die …

»Fünfundzwanzig Meter«, sagte eine Männerstimme hinter ihm. Fredy zuckte zusammen und drehte sich um. Hätte er seine Pistole bei sich getragen, er hätte sie reflexartig gezogen.

»'tschuldigung, wollte Sie nicht erschrecken. Aber Sie haben doch eben überlegt, wie hoch die Tanne ist, stimmt's?«

Fredy war immer noch perplex und brachte nur ein Nicken zustande.

»Stöckli mein Name«, stellte sich der Erschrecker vor und gab ihm die Hand. »Bin der Bauamtchef hier im Dorf.«

Fredy drückte dessen Hand, vermied es seinen Namen zu nennen und dachte an die Adresse der fehlgeleiteten Kokskugeln. *Das* hier war sein Mann.

»Schöner Baum.« Endlich hatte er die Sprache wiedergefunden.

»Der allerschönste.« Stöckli strahlte. Und fragte dann: »Tourist oder Presse?«

»Wie?«

»Sind Sie als Besucher hier oder kommen Sie vom *Tag-blatt*?«

»Ich? Nein … äh, nur so auf der Durchfahrt.« Blitzschnell hatte sich Fredy ausgerechnet, dass es nur eine Möglichkeit gab, ungesehen an die Kugeln zu kommen – in der Nacht. »Um welche Uhrzeit wird es denn hier dunkel?«

»Um die Jahreszeit bereits kurz nach fünf. Übrigens: Um sechs steigt dann unser Lichterfest. Gibt auch etwas zu trinken, mit Güx drin.« Stöckli zwinkerte dem Fremden verschwörerisch zu. »Kommen Sie auch?«

»Mal schauen«, knurrte Fredy und fragte dann nach einem Restaurant, das sonntags geöffnet habe. Stöckli deutete auf den Tapferen Gaul, der ebenfalls am Dorfplatz und in Sichtweite zur Tanne lag.

Im Gasthof setzte sich Fredy an einen Tisch am Fenster mit direktem Blick auf den Baum. Er hatte einen Plan. Er würde hier den ganzen Tag hocken, sich zwar eine Kaffeevergiftung holen, dafür aber seine wertvollen Kugeln nonstop im Auge behalten können. Um sechs war dann dieses Dorffest, danach – sobald der vom Glühwein angesoffene Pöbel wieder daheim in den Stuben hockte – würde er sich im Schutze der Dunkelheit seinen Stoff zurückholen. Irgendwo in dem Kaff würde er ja wohl eine Leiter auftreiben können. Fredy nickte. So wollte er es machen. Sollte klappen. Raub in stiller Nacht.

\*\*\*

Das Mittagsschläfchen dauerte bis gegen halb vier und machte die Beteiligten ziemlich müde. Stöckli hatte nach dem Essen vorsorglich wieder etwas vom weißen Puder aus der Tupperware geschnupft und war dann mit seiner Marianne ins Bett gehupft.

Seit elf Jahren waren die beiden verheiratet, bislang kinderlos geblieben, aber so viel Glut und Leidenschaft wie in den letzten zwanzig Stunden hatten sie seit den Flitterwochen nicht mehr erlebt.

Schließlich stieg Stöckli wieder in seine Hose und eilte los. Es galt heute noch ein anderes Feuerwerk zu zünden. Mit Rudi an seiner Seite lief er zum Dorfplatz und kontrollierte mit seinen Kollegen nochmals alle Anschlüsse, Stecker und Sicherungen am Weihnachtsbaum. Vier Kilometer Kabel und fünfzehntausend Lämpchen waren parat.

»Das wird was«, feixte er seinem Team zu. »Sogar Auswärtige kommen extra hierher. Hab heute Morgen schon einen angetroffen.«

Zur gleichen Zeit, von der anderen Seite des Dorfplatzes aus, beobachtet Fredy durch das Fenster vom Tapferen Gaul jede Handbewegung der Bauamtmänner. Hin und wieder schoss ihm das Adrenalin durch die Adern, wenn einer der Kerle seinen schwarzen Kugeln zu nahe kam. Fredys Hände zitterten. Zu viel Kaffee oder zu viel Stress, dachte er. Und nahm sich vor, es über die Festtage etwas langsamer angehen zu lassen.

Kurz nach fünf wurde es dunkel, die ersten Müntschisberger kreuzten auf, und um viertel vor sechs schließlich war der Platz schwarz vor Menschen. Es begann leicht zu schneien. So ein Geflöckel machte den weihnachtlichen Festakt nur noch feierlicher.

Fünf Minuten vor sechs richtete sich der Gemeindepräsident an die versammelte Gemeinde, sagte ein paar Dankesworte, um dann – exakt zum Sechser-Kirchglockenschlag – einen roten Kontakthebel umzulegen.

Augenblicklich verwandelten fünfzehntausend Lämpchen an vier Kilometern Kabel eine hundsgewöhnliche

Tanne aus dem Müntschisberger Forst in einen mirakulösen Lichterwunderbaum.

Die Menge schrie im Chor »Ah!« und war ansonsten absolut sprachlos ob der Pracht. Aberhunderte Staunmäuler klafften offen, Augen glänzen, Erwachsene wurden wieder zu Kindern, und der Reporter vom *Tagblatt* schoss seine Fotos.

Fredy stand in der hintersten Zuschauerreihe, die Kapuze seiner Daunenjacke mit Fellkragen über den Kopf gezogen, und beobachtete das Spektakel. Er fand das alles nur ein einziger, riesiger von Bauerntrampeln veranstalteter Oberkitsch. Jetzt sang auch noch ein Chor. »White Christmas« – was Fredy erst recht an seinen Puder denken ließ.


Über das, was dann geschah, existieren verschiedene Erzählversionen. Die einen wollten ein Eichhörnchen im Geäst gesehen haben, andere einen Marder oder Iltis. Wieder andere sagten später aus, eine Katze sei den Stamm hinaufgeklettert.

Welches Kleinvieh auch immer den Weihnachtsbaum entweihte – es wurde sofort verfolgt. Stöcklis Rudi und ein halbes Dutzend weiterer Hunde rissen sich trotz Leine los und folgten ihrem Jagdinstinkt. Das blutgeile Rudel hechtete den Baum an, brachte ihn dadurch ins Wanken – und schließlich ganz aus dem Gleichgewicht.

Mit einem nervtötend langgezogenen Ächzten kippte die Müntschisberger Weihnachtsikone zur Seite und schlug auf dem Boden auf. Gottlob tat er das langsam genug, sodass die in der Falllinie stehenden Zuschauer sich gerade noch zur Seite retten konnten.

War das ein Geklirre und Geklöpfe, als tausende Lämpchen barsten und Kugeln zerbrachen. Einen Moment lang brannten die Lichter noch, dann knisterknackte es, Funken sprühten, Sicherungen tätschten – und die ganze Herrlichkeit verlöschte.

O Pannenbaum.

Die Menge war im Schock und starrte zur Lücke am Himmel, wo eben noch ihre Rekordtanne gethront hatte. Mucksmäuschenstill war es. Nur die dämlichen Hunde kläfften und wetzten noch immer dem vermaledeiten Kleinvieh hinterher.

Die Wucht des Aufpralls wirbelte Tannennadeln auf, winzige Rinden- und Holzteilchen, aber auch Straßenstaub, Dreck und frisch gefallenen Schnee. Wie eine Dunstwolke schwebten diese Winzigstteilchen über dem Dorfplatz und senkten sich nun langsam herab auf die Menschen – die das Zeug unwillentlich einatmeten.

Plötzlich kam Bewegung in die Menge. Aber es herrschte nicht etwa Panik – sondern Heiterkeit. Zuerst gab es nur Gekicher, dann Gelächter, schließlich brüllten die Menschen vor lauter Ausgelassenheit. Sie begannen zu tanzen und schunkeln, Volkslieder wurden gesungen, Fußballfangesänge gegrölt, Weihnachtssongs gejohlt.

Alle spinnten, flippten, umarmten sich, taten komische Dinge, waren einfach nur happy und völlig aus dem Häuschen.

Und nur Fredy, der fassungslos und mit versteinertem Gesicht dastand und im Geiste einen Hunderttausender Verlust abhakte, begriff wirklich, was hier gerade abging. Warum die Meute sich derart verzückt benahm.

Zwei Kilo mit etwas Puderzucker gestrecktes und in Christbaumkugeln verpacktes Matterhorny waren buchstäblich verpulvert worden. Hatten sich in Luft aufgelöst und waren von den Müntschisbergern tief inhaliert worden.

Rush, Flash, Kick – die Menschen waren im Vollrausch, ein ganzes Dorf im Hochgefühl.

Müntschisberg war high.

Am meisten ärgerte sich später der Reporter vom *Tagblatt*. Er hatte die Weihnachtsorgie zwar ausgiebig fotografiert – in Gedanken sah er sich bereits den Schweizer Journalistenpreis in der Kategorie »Crazy Story« entgegennehmen –, doch war seine Kamera plötzlich und unerklärlicherweise verschwunden und wurde auch nie wiedergefunden. So blieb die abartigste Story des Jahrzehnts undokumentiert und ist darum bis zum heutigen Tag lediglich ein Gerücht.

Wer diesen Sonntagabend am ersten Advent und die Kokskaterwehen tags darauf nicht selbst erlebt hatte, konnte diese Geschichte nicht glauben und hielt alles nur für eine herrliche Flunkerei. Und all jene, die diese Schrankenlosigkeit mitgemacht hatten, schwiegen tunlichst.

Fredy wurde zehn Monate später bei einer Razzia geschnappt und wanderte für ein paar Jahre ins Gefängnis. Er feierte nie wieder Weihnachten.

Marianne und Oski Stöckli bekamen neun Monate später Zwillinge. Einen Jungen und ein Mädchen.

Noel und Christa.

Und nur ihre Eltern wussten, warum die Kinder genau diese Namen trugen. Die Babys kamen Anfang August zur Welt. Darum wunderten sich manche Müntschisberger schon ein wenig über die Wahl des Sujets auf der Geburtsanzeige. Warum da drauf wohl ein Weihnachtsbaum abgebildet war.

# Joachim Ringelnatz

## *Silvester*

Wenn der Christbaumschmuck – soweit nicht aufgefres-
   sen –
Speicherwärts sich drückt in die Vergessenheit,
Dann – gänsehalsig – Nadeln streuend –
Fliegt die Tanne in die Küche,
Und von da an geht, uns hoch erfreuend,
Auch das alte Jahr sanft in die Brüche.

# Nachweis

Robert Benchley, *Richtiges Weihnachten nach altem Brauch* und *Ein Weihnachtsnachmittag*. Aus: Robert Benchley, *Warum ich Weihnachten hasse*. Aus dem amerikanischen Englisch von Thomas Bodmer. Copyright © 2023 by Jung und Jung, Salzburg.

Lucia Berlin, *Noël, Texas. 1956*. Aus: Lucia Berlin, *Abend im Paradies*. Aus dem amerikanischen Englisch von Antje Rávik Strubel. Copyright © 2019 by Kampa Verlag AG, Zürich.

T. C. Boyle, *Beat*. Aus: T. C. Boyle, *Fleischeslust*. Aus dem amerikanischen Englisch von Werner Richter. Copyright © 1999 by Carl Hanser Verlag, München.

Hans Fallada, *Der gestohlene Weihnachtsbaum*. Aus: Hans Fallada, *Ausgewählte Werke in Einzelausgaben*, Berlin, 1962 ff.

Salomo Friedlaender, *Das Weihnachtsfest des alten Schauspielers Nesselgrün*. Aus: Salomo Friedlaender, *Gesammelte Schriften*. Waitawhile book Verlag, o.J.

Daniel Glattauer, *Die beliebtesten Weihnachtskrisen und die besten Anlässe für Streit*. Aus: Daniel Glattauer, *Der Karpfenstreit. Die schönsten Weihnachtskrisen*. Copyright © 2010 by Carl Hanser Verlag, München.

# Stine Pilgaard
# Lieder aller Lebenslagen

Roman

Stine Pilgaard
Lieder aller Lebenslagen
Roman
Aus dem Dänischen von Hannes Langendörfer
208 Seiten
Gebunden
ISBN 978-3-98568-088-7
Auch als E-Book und Audiobuch erhältlich

Aarhus, heute: Ein Paar Ende Zwanzig kann sein Glück schier nicht fassen: Endlich die erste »richtige« Wohnung nach den Studentenzimmern der Uni-Zeit. Doch das Leben in einem Genossenschaftshaus mit vier Generationen unter einem Dach entwickelt rasch seine ganz eigene Dynamik. Als sich herumspricht, dass die Ich-Erzählerin ein Talent zum Dichten von Gelegenheitsliedern hat, die in Dänemark bei allen möglichen Feiern und Anlässen ein Muss sind, stehen die Nachbarn Schlange. Sie erzählen der Neuzugezogenen ihre (Liebes) Leben. Mit ihren Liedern schenkt sie den Hausbewohnern den feinen, roten Faden, der ihren Leben und Schicksalsschlägen den ersehnten Sinn verleiht. – Ein zauberhafter Roman, der das menschliche Miteinander besingt.

*»Stine Pilgaard huldigt dem Alltag*
*und feiert die kleinen Dinge.«*

NEUE ZÜRCHER ZEITUNG

*»Ein schönes Buch, gut geeignet für Krisenzeiten.«*

Katja Weise, NDR

# kanon verlag

ISBN 978-3-98568-145-7

1. Auflage 2024
© Kanon Verlag Berlin GmbH, 2024
Umschlaggestaltung: Heilmeyer & Sernau
Unter Verwendung einer Illustration von David Sernau
Herstellung: Daniel Klotz / Die Lettertypen
Satz: Lara Flues
Druck und Bindung: Pustet, Regensburg
Printed in Germany

www.kanon-verlag.de